AF453055

PLAIDOIRIES

DE

Mᵉ Camille BOUCHEZ

POUR

M. IMBERT

Administrateur de la Succession J. de Reinach

CONTRE

M. le Dʳ Cornélius HERZ

PARIS

TYPOGRAPHIE ET LITHOGRAPHIE A. MAULDE ET Cⁱᵉ

144, RUE DE RIVOLI, 144

1894

La Succession J. de REINACH

CONTRE

Le Dr Cornélius HERZ

Audience du 27 décembre 1893

MESSIEURS,

Le 22 novembre 1892, le surlendemain de la mort de
M. le baron de Reinach, et à la requête de sa veuve et de
son fils, M. Imbert, pour qui j'ai l'honneur de me présenter devant le Tribunal, a été nommé administrateur
provisoire de sa succession. Les pouvoirs de M. Imbert
ont été successivement confirmés par deux jugements de
la Chambre du Conseil, l'un en date du 2 décembre 1892,
l'autre en date du 10 février 1893. C'est en vertu de ces
pouvoirs qu'il se présente aujourd'hui devant vous. Les
héritiers de Reinach s'en sont remis absolument à lui du
soin d'agir au nom de la succession, ainsi qu'il lui parai-
trait juste et utile; il leur doit donc et il se doit à lui-
même, au seuil de ce procès, de déclarer que ces héritiers
n'ont, comme tels, aucun intérêt, ni présent ni éventuel,
dans les procès qu'il fait ou qu'il soutient.

En effet, la succession de M. le baron de Reinach présente un actif qui n'atteindra pas 2,200,000 francs, et elle a un passif qui dépasse 5,800,000 francs, soit un excédent du passif sur l'actif de 3,600,000 francs — et encore, sans faire état (si ce n'est pour mémoire, du moins quant à présent) des réclamations de la Société de Panama, dont le liquidateur a assigné la succession de Reinach en paiement d'une somme de plus de neuf millions.

Mais, au nom de l'administrateur, je dois ajouter qu'il n'a pas tenu et qu'il ne tient pas encore aux héritiers de Reinach qu'ils ne se désintéressent aussi de la succession à titre de créanciers, même à titre de créanciers privilégiés ou hypothécaires, pour des sommes considérables, puisqu'elles dépassent quatre millions.

Dans ces conditions, le devoir de l'administrateur n'en était que plus rigoureux de faire ressortir de la succession, de l'administration de laquelle il est chargé, l'actif le plus considérable, de la rendre le moins possible insolvable : et cela, afin que les réclamations et les poursuites, dont cette succession est l'objet, s'exercent contre elle, de la façon la plus utile et la plus efficace, de la part de tous les créanciers, notamment de celui dont les droits ont paru si justes, la cause si intéressante, et la détresse si grande qu'il plaide devant vous avec le bénéfice de l'assistance judiciaire ; j'ai nommé l'honorable représentant des obligataires de Panama, qui est partie dans ce procès.

C'est dans ce sentiment, et c'est pour accomplir ce devoir, que M. Imbert a, dès l'origine, pris toutes les mesures qui lui paraissaient devoir être efficaces pour assurer à la succession — ainsi que je le disais — l'actif le plus considérable possible.

Pour ne parler que de celles qui visaient nos adversaires au procès, j'indique qu'à la date du 24 janvier 1893,

M. Imbert a pris une inscription hypothécaire, en vertu
d'actes qui passeront plus tard sous vos yeux, et pour une
somme de 429,000 francs, sur tous les immeubles présents
et à venir de M. Cornélius Herz ; — que le 22 mars 1893, il
a procédé à une saisie conservatoire du mobilier garnissant
la villa Marguerite, à Tréserves, appartenant à M. Cornélius
Herz ; — que dès le 25 janvier 1893, il adressait à celui-
ci une mise en demeure d'avoir à rendre compte de toutes
les sommes qui lui avaient été remises par le baron de
Reinach ou qu'il pouvait devoir à sa succession ; — qu'enfin
le 28 janvier 1893, M. Imbert a assigné devant le Tribunal
M. et Mme Cornélius Herz aux fins de la demande sur
laquelle nous plaidons devant vous.

L'objet de cette demande est très limité, je pourrais
dire très modeste. Nous disons au Tribunal que M. Cornélius Herz, lequel n'est pas Français et n'est pas en France,
s'est rendu acquéreur d'immeubles à Paris et qu'il les a
payés... disons de *son argent;* qu'en conséquence, ces
immeubles devraient constituer le gage de ses créanciers,
mais que, pour les soustraire à ce gage, M. Cornélius
Herz les a achetés au nom de Mme Cornélius Herz.

Alors, nous vous demandons de rétablir la vérité des
faits, de dire que M. Cornélius Herz a toujours été seul propriétaire de ces immeubles, et d'empêcher ainsi que le gage
dont il s'agit disparaisse, par fraude, au préjudice de la
succession de Reinach, c'est-à-dire au préjudice de ceux
qui ont quelque chose à réclamer d'elle.

Et nous soutenons que M. Imbert a qualité pour former
cette action, parce que, sans vous demander dès aujour-
d'hui ni de fixer le chiffre de la dette de M. Cornélius
Herz envers la succession de Reinach, ni encore moins de
le condamner à payer, il dit et il prouvera que cette succession est dès aujourd'hui créancière de M. Cornélius

Herz pour des sommes considérables ; qu'elle est sa créancière éventuelle pour des sommes beaucoup plus considérables encore.

Pour établir et la qualité de mon client et le bien fondé de sa demande, je n'aurai qu'à vous rappeler des documents déjà connus ; convaincu que je suis que les conséquences qui découlent de leur simple analyse ou de leur rapprochement s'imposeront d'elles-mêmes à vos esprits.

Avant tout, il faut que je précise devant le Tribunal quels sont les immeubles visés par notre demande, à quel moment et dans quelles conditions ils ont été achetés au nom de Mme Cornélius Herz, mais en réalité, suivant nous, pour le compte de M. Cornélius Herz lui-même.

Ces immeubles, énumérés dans notre assignation, sont au nombre de sept : ils ont été tous vendus par diverses personnes à Mme Cornélius Herz seule ou assistée de son mari, et cela par actes passés devant M° Fontana, notaire à à Paris, du 28 octobre 1888 au 23 juillet 1890. Le prix de ces sept immeubles s'élève au total à 1,783.000 francs.

Le premier, un hôtel, 78, avenue Henri-Martin, a été acheté le 29 octobre 1888, de M. Guillout, moyennant 500,000 francs ;

Le deuxième, un terrain, 84, rue de la Faisanderie, a été acheté le 17 juin 1889, à M. et Mme Mignet, pour le prix de 108.000 francs ;

Le troisième a été acheté des héritiers Gautier ; c'est un hôtel, 82, rue de la Faisanderie ; il a été payé, le 24 juillet 1890, 175,000 francs ;

Le quatrième a été acheté le 31 mars 1890, de M. Raffinesque ; c'est un immeuble, 90, rue de la Faisanderie, qui a coûté 105.000 francs ;

Le cinquième, un hôtel, 4, boulevard Flandrin, a été

acheté 225,000 francs à M. Barthélemy Saint-Hilaire, le 26 juin 1890 ;

Le sixième est une propriété, 80, rue de la Faisanderie, achetée de Mme veuve Ollier, le 27 juin 1890, moyennant 450,000 francs ;

Le septième, enfin, acheté le 13 juillet 1890, est une maison, 94, rue de la Faisanderie ; le vendeur est Mme Houssel ; le prix est de 220.000 francs.

Ce qui fait bien un total de 1,783,000 francs.

Pour deux de ces acquisitions, la première et la quatrième (l'hôtel acheté de M. Guillout moyennant 500,000 fr. et l'immeuble de la rue de la Faisanderie acheté de M. Raffinesque moyennant 105,000 francs) pour ces deux acquisitions, dis-je, les prix de 500,000 et de 105,000 fr. ont été payés comptant ; et en conséquence Mme Cornélius Herz a seule comparu aux actes dont je parlais tout à l'heure, lesquels portent la mention de sa nationalité et du régime matrimonial existant entre les époux, dans des termes que je vais faire passer sous vos yeux.

Pour les autres acquisitions comprises sous les numéros 2, 3, 5, 6 et 7, le prix a été stipulé payable à terme, et en conséquence, par un motif que tout le monde (le Tribunal en particulier) comprend bien, M. Cornélius Herz a comparu aux actes, en tant que de besoin, pour assister et autoriser sa femme.

Je disais, Messieurs, que ces actes faisaient mention de la nationalité de Mme Cornélius Herz et du régime sous lequel elle est mariée. Je donne lecture au Tribunal de cette mention :

« **Etant ici expliqué que M. et Mme Herz sont citoyens américains de l'Etat de New-York ; qu'ils se sont mariés en la ville de New-York le 21 avril 1874, sans qu'aucun contrat de mariage ait précédé leur union ; que leur domicile est dans** l'Etat de New-York ; que par suite des lois en vigueur dans ledit Etat, la femme mariée sans contrat et ainsi domiciliée a le droit de faire notamment toute acquisition d'immeubles en son nom et pour son compte personnel, même sans l'autorisation de son mari, ainsi du reste qu'il résulte d'un certificat de coutume délivré à Paris par l'autorité compétente des Etate-Unis d'Amérique le 26 octobre 1888 et déposé au rang des minutes de M⁰ Fontana, l'un des notaires soussignés, ce jourd'hui même, qui sera enregistré avant ou en même temps que les présentes. »

Telle est la mention qui se retrouve dans chacun des sept actes que je viens de rappeler au Tribunal : M. et Mme Cornélius Herz sont citoyens américains ; comme ils se sont mariés sans contrat, c'est une sorte de régime de séparation de biens qui préside à leur union, régime sous lequel Mme Cornélius Herz a le droit de faire, en son nom personnel et même sans l'autorisation de son mari, toutes les acquisitions que bon lui semble.

A cela, Messieurs, je n'ai rien à dire, si ce n'est que le Tribunal comprendra bien l'intérêt et la valeur de la précaution prise. Il va de soi que Mme Cornélius Herz est libre d'acquérir, elle n'a pas besoin pour cela de l'autorisation de son mari, et ce n'est point une question de capacité que nous plaidons devant vous. La seule question que nous ayons l'honneur de vous soumettre est celle de savoir si les actes sont sincères ou s'ils ne le sont pas ; si l'acquisition faite par Mme Cornélius Herz, avec ou sans l'assistance de son mari, suivant que le prix était ou non payable comptant, est une réalité ou seulement une apparence ; et si ce n'est pas véritablement, ainsi que nous le soutenons, M. Cornélius Herz qui a acheté en faisant passer les immeubles sous le nom de sa femme, afin que ces immeubles ne devinssent pas, conformément aux principes de notre droit, le gage des créanciers qu'il avait ou qu'il pourrait avoir.

Je n'ai pas besoin d'ajouter que, lorsque le prix est payé comptant, il est porté aux actes que ce prix est payé par Mme Cornélius Herz :

« **En outre, la présente vente est consentie et acceptée moyennant le prix principal de 500,000 francs que M^mo Herz a payé de ses deniers personnels, savoir 125,000 francs hors la vue du notaire soussigné, et les 375,000 francs du surplus en bonnes espèces de monnaie courante, acceptées comme numéraire et qu'on a délivrées à la vue du notaire soussigné. »**

Il va de soi, je le répète, que, de même que l'acquisition est faite au nom de Mme Cornélius Herz, il est indiqué dans tous les actes que le paiement est, ou sera fait, de ses deniers personnels.

Eh bien! voyons, maintenant, Messieurs, s'il y a quelque chose de vrai dans l'une et dans l'autre de ces mentions, c'est-à-dire dans la mention d'acquisition et dans la mention de paiement; voyons, en un mot, comment et par qui ont été achetés les immeubles dont je viens de parler, en l'étude de Me Fontana, aux époques que je vous ai rappelées, comment et par qui, dis-je, ils ont été achetés et payés.

Pour le savoir, nous n'avons qu'à nous reporter à une année en arrière. Nous sommes au mois de novembre ou au mois décembre 1892; le temps est passé des illusions et des espérances, où l'on parlait avec orgueil de ce que l'on appelait la grande entreprise de Panama, et, pendant de longs mois, on ne va plus parler, en France, que de ce que l'on a appelé la triste affaire de Panama! C'est à ce moment que le Parlement et la Justice luttent de zèle et de vitesse pour faire la lumière sur cette affaire ténébreuse, dont on peut bien dire que, grâce tout à la fois à leur diligence et à leur discrétion, on en a toujours connu trop, ou pas assez.

Quoi qu'il en soit, on vient de découvrir qu'à la date du 17 juillet 1888, le baron de Reinach avait remis à une certaine maison Thierrée un chèque de 3,391,575 francs tiré par la Compagnie de Panama sur la Banque de France, et qu'il avait demandé et obtenu de cette maison la contre-partie de ce chèque en vingt-six chèques différents et de sommes diverses. Et l'on recherchait les titulaires de ces chèques, afin de découvrir si derrière les noms obscurs de quelques-uns d'entre eux ne se cachaient pas quelques personnalités plus considérables qu'on n'aurait pas hésité à signaler.

Nous savons maintenant — puisque la justice l'a dit — qu'il n'en était rien, et, à ce sujet, nous sommes tranquillisés.

Mais, parmi ces vingt-six chèques, il y en avait deux de un million chacun, portant la date du 19 juillet 1888 et encaissés par la maison Rothschild, laquelle, par un scrupule professionnel fort honorable, refusait de dire pour le compte de qui ces chèques avaient été créés.

C'est alors, le 3 décembre 1892, que le D' Cornélius Herz adresse de Londres à la Commission d'enquête parlementaire un télégramme qui a été publié à quelques millions d'exemplaires, et dont je demande au Tribunal la permission de lui donner lecture. Ce télégramme est ainsi conçu :

« J'apprends que vous recherchez les bénéficiaires de vingt-six chèques qui sont en la possession de M. Thierrée, et que celui-ci refuse de vous livrer. J'apprends d'autre part que MM. Rothschild, de Paris, par un scrupule professionnel, n'ont pas cru devoir faire connaître la personne pour laquelle les deux chèques de un million ont été encaissés.

« Désireux de faciliter vos recherches et de ne pas permettre à vos soupçons de s'égarer, je m'empresse de vous faire connaître que c'est pour mon compte que ces deux millions ont été touchés. Je remercie **MM**. de Rothschild de leur excessive discrétion, mais je n'ai aucune raison d'en profiter, et je tiens à vous faire connaître la vérité.

« **J'étais créancier de M.** de Reinach pour plus de deux millions à la suite de diverses et nombreuses affaires dans lesquelles il avait été mon associé...... **M**. de Reinach m'a payé sous cette forme, en juillet **1888**, une partie impor an te d ma créance; je n'avais pas à lui demander la provenance de son argent, sa situation de banque ne pouvant inspirer aucune préoccupation. »

Je laisse pour le moment cette première partie de la lettre; j'aurai plus tard l'occasion de revenir sur quelques-unes des allégations qui y sont contenues. Mais, au point de vue où je me place, j'attire toute l'attention du Tribunal sur ce qui va suivre; je lui déclare par avance que c'est toute ma démonstration :

J'ai laissé cet argent chez **MM**. de Rothschild, de Francfort, ainsi qu'en peuvent témoigner leurs livres. J'ai fait un prélèvement quelques mois plus tard pour l'achat d'une maison à **Paris**, par l'intermédiaire de mon notaire, M⁰ Fontana. J'ai laissé le reste chez **MM**. de Rothschild, de Francfort, et dans le courant de l'année **1889**, j'ai fait de nouveaux retraits pour de nouvelles acquisitions d'immeubles, toujours par l'intermédiaire de M⁰ Fontana.

« **Donc**, ces **2,000.000** de francs, reçus en juillet **1888** et employés comme il vient d'être dit, ne sont pas suspects d'avoir servi aux affaires qui vous préoccupent.

« **Je dois ajouter que j'étais hors de France depuis l'été 1887** jusqu'au mois de septembre 1888 et que je suis reparti le mois suivant pour ne rentrer qu'au printemps de **1889**. J'ai visité l'Italie, je suis allé au nord, en Danemark, en Suède, en Norvège, jusqu'au pays des Lapons, et ensuite, après un long voyage à travers la Russie, je suis rentré en France au printemps de **1889**. « Signé : Cornélius HERZ. »

Telle est la lettre dans son entier.

Je ne m'occupe pas plus des pérégrinations du docteur Cornélius Herz que je ne me suis occupé tout à l'heure des renseignements qu'il fournit sur les conditions dans lesquelles il aurait considéré comme lui étant dus les deux millions, sur lesquels nous aurons à revenir. Mais ce que je retiens au point de vue de la démonstration que j'ai à faire devant le Tribunal, à savoir qu'en fait les immeubles que j'ai énumérés tout à l'heure ont été achetés aux époques que j'ai précisées, non par Mme Cornélius Herz, mais par M. Cornélius Herz lui-même ; ce que je retiens comme étant absolument décisif, c'est la déclaration contenue dans le paragraphe intermédiaire et que je vous demande la permission de vous relire :

« J'ai laissé cet argent chez MM. de Rothschild, de Francfort, ainsi qu'en peuvent témoigner leurs livres. J'ai fait un prélèvement quelques mois plus tard pour l'achat d'une maison à Paris, par l'intermédiaire de mon notaire, Me Fontana. J'ai laissé le reste chez MM. de Rothschild, de Francfort, et dans le courant de l'année 1889, j'ai fait de nouveaux retraits pour de nouvelles acquisitions d'immeubles, toujours par l'intermédiaire de Me Fontana. »

Je ne sais, Messieurs, et je n'ai point à le rechercher, si M. Cornélius Herz s'est plus ou moins loué ou repenti de ce mouvement de sincérité; ce que je sais bien, c'est que cela constitue de sa part un aveu dont la valeur, la portée et les conséquences ne sauraient vous échapper. Il y a là, en effet, des déclarations bien précises, bien explicites, et dans lesquelles on ne saurait signaler aucune espèce d'ambiguïté.

« *C'est moi*, dit M. Cornélius Herz, *qui ai touché ces deux millions, je les ai d'abord laissés dans tel endroit, j'ai fait un prélèvement quelques mois après...* » *; et il en indique la cause : Pour l'acquisition d'une maison.* C'est la première acquisition, celle du 29 octobre 1888, de la maison de M. Guillout, moyennant le prix de 500,000 francs. » *J'ai laissé le reste*, continue-t-il, *chez MM. de Rothschild, de Francfort, et, dans le courant de l'année 1889, j'ai fait de nouveaux retraits pour de nouvelles acquisitions d'immeubles, toujours par l'intermédiaire de M° Fontana.* » Il s'agit là des six autres acquisitions qui s'échelonnent du 17 juin 1889 au 13 juillet 1890. « *J'ai fait; j'ai laissé.* » Ainsi, c'est bien M. Cornélius Herz qui, de son argent, a payé les sept acquisitions dont je viens de parler.

Que Mme Cornélius Herz ait acheté, que Mme Cornélius Herz ait payé, il n'en est point un seul instant question; il n'y est fait allusion ni dans la lettre que je viens de lire, ni dans un autre document postérieur dans lequel vous retrouverez, quand le moment sera venu de vous le rappeler, la même déclaration et la même affirmation de la part de M. Cornélius Herz. Il n'est point allégué un seul instant ni indiqué que, Mme Cornélius Herz ayant acheté, on ait payé pour son compte, à quelque titre que ce soit, et, par exemple, qu'on lui ait fait ainsi une libéralité. Il s'agit — vous l'avez bien compris, et vous vous en souvenez bien, — il s'agit, pour M. Cornélius Herz, de reconnaître avec une désinvolture, dans laquelle il ne semble pas qu'il ait persévéré depuis, qu'il a encaissé à ce moment deux millions dont on cherche la trace; et alors il dit avec une certaine naïveté ou une certaine crânerie : « Eh bien! messieurs, ne cherchez pas davantage; ces deux millions, c'est moi qui les ai touchés, parce qu'ils m'étaient dus; je les ai déposés là, je les ai laissés là pendant le temps qu'il m'a convenu et qui, d'ailleurs, n'a point été long; puis, je les ai repris pour des acquisitions que j'ai faites chez mon notaire, M° Fontana. »

Il n'est pas possible d'être plus clair ni plus explicite.

M. Cornélius Herz a-t-il réfléchi à ce moment-là aux conséquences que sa déclaration pouvait avoir? Je le répète : je n'ai point à le rechercher ni à m'en préoccuper. Ce que je retiens, c'est qu'il a fait alors l'aveu complet de ce que j'avais intérêt à découvrir, c'est-à-dire : que l'argent lui appartenait et que c'est lui seul qui l'a prélevé, comme il le dit, dans l'endroit où il l'avait déposé, pour des acquisitions qu'il détermine et qui sont celles au sujet desquelles nous plaidons devant le Tribunal.

J'ajoute — le Tribunal en aura été frappé — qu'il y a une concordance parfaite et presque absolue entre le prix total des acquisitions et les deux millions dont il s'agit. Car si vous avez retenu que le total de ces acquisitions s'élève à 1,783,000 francs, et si vous voulez bien y ajouter environ 10 à 11 0/0, c'est-à-dire une somme de 180 à 200,000 fr. pour les frais d'actes et d'enregistrement, vous arriverez à reconnaître qu'à 25 ou 30,000 fr. près, le prix d'acquisition de ces sept immeubles, tout compris, représente exactement les deux millions dont M. Cornélius Herz avait à cœur de faire connaître l'emploi à la Commission d'enquête.

Je dis, Messieurs, que je n'ai point à aller au delà et que ma preuve est faite, parce qu'il n'y a point à ce moment, il n'y a jamais eu depuis, d'indication, même essayée de la part de M. Cornélius Herz, que ce ne soit point ainsi que les choses se sont passées. Nous avons déjà vu que jamais M. Cornélius Herz n'a allégué qu'il eût voulu faire à Mᵐᵉ Cornélius Herz, laquelle aurait acheté en son nom personnel, donation du prix qu'il aurait payé pour son compte.

Que si aujourd'hui l'on cherchait à biaiser et si l'on soutenait que Mᵐᵉ Cornélius Herz qui avait, nous l'avons reconnu, le droit d'acheter, avait aussi le droit de recevoir à titre gratuit de son mari et de payer avec l'argent qu'elle aurait reçu de lui, nous répondrions en demandant, conformément à l'article 1167 du Code civil, la nullité d'une semblable donation, comme faite en fraude des droits des créanciers. C'est ce que nous avons dit dans nos conclusions, « **qu'il convient subsidiairement de déclarer nuls, comme faits en fraude des droits des créanciers de Cornélius Herz, les actes de simulation ci-dessus.** »

Et sur ce terrain, la discussion ne serait ni longue ni difficile. En effet, la fraude serait évidente de la part du Docteur Herz et, s'agissant d'un acte à titre gratuit, nous n'aurions pas besoin de prouver que Mme Herz a été la complice de cette fraude. L'insolvabilité de M. C. Herz ne pourrait pas davantage être contestée ; car ce serait à Mme Cornélius Herz à nous indiquer d'autres immeubles, ou d'autres biens que les immeubles sur lesquels nous plaidons, pour que nous puissions discuter, le cas échéant, notre débiteur : et encore, il vous appartiendrait d'apprécier si ces biens offrent un gage suffisant aux créanciers. Mais Mme Cornélius Herz ne nous a jamais fourni et, nous sommes tranquilles, elle ne nous fournira aucune espèce d'indication de cette nature. M. Cornélius Herz connaît trop bien l'origine de sa fortune pour ne l'avoir pas mise, aussi bien au moins que sa personne, à l'abri de toute atteinte.

Mais l'action que nous poursuivons est une action infiniment plus simple que celle qu'on appelle l'action paulienne, l'action de l'article 1167 ; c'est l'action en déclaration de simulation résultant d'une interposition de personne. Nous disons que les actes par lesquels Mme Cornélius Herz s'est rendue acquéreur des immeubles dont nous avons parlé, ne sont pas des actes sérieux, qu'ils ne sont qu'une apparence. L'acquéreur véritable, celui qui avait l'argent, celui qui attendait l'occasion d'en faire l'emploi, celui qui a fait réellement cet emploi, celui qui a contracté et qui a payé, ce n'est pas la femme, c'est le mari ; ce n'est pas Mme Cornélius Herz, c'est le Docteur Herz. C'est lui qui l'a dit, c'est lui qui l'a reconnu, c'est lui qui l'a avoué dans des termes tels qu'il n'y a pas de retour possible de sa part, ni de la part de qui que ce soit en son nom.

Et cela dans quel but ? Il suffit, Messieurs, de se rendre compte des situations et de savoir quels sont les personnages en cause pour que, sur ce but, il n'y ait pas plus de doute dans vos esprits qu'il n'en restera sur la réalité même des actes dont j'ai parlé tout à l'heure. C'était incontestablement pour, le cas échéant, soustraire les immeubles aux poursuites des créanciers qu'on avait ou de ceux qu'on pourrait avoir. Et quand il s'agit de l'action en déclaration de simulation, je vais vous montrer qu'il n'y a pas à distinguer entre les uns et les autres. La fraude, comme on dit, corrompt tout et, en conséquence, si diverses que puissent être ses formes, il n'y en a pas sous lesquelles les intéressés, quels qu'ils soient, ne puissent la dénoncer à la justice et sous lesquelles la justice ne puisse elle-même l'atteindre.

C'est notamment à ce point de vue qu'il convient de distinguer l'action en déclaration de simulation de l'action de l'article 1167, l'action paulienne, dont on la rapproche habituellement. Pour triompher dans l'une comme dans l'autre de ces actions, il faut être créancier ; mais à quel moment ? Surtout à quel titre plus ou moins définitif et indiscutable ? C'est ce qu'il importe de préciser.

Déjà, en ce qui concerne l'action paulienne, il a été jugé, et il est surtout enseigné par la doctrine, qu'il n'est pas du tout indispensable, ni d'être créancier en vertu d'un titre exécutoire, ni d'être créancier d'une créance liquide ou exigible, pour pouvoir invoquer devant les tribunaux l'article 1167 C. civ.; et que l'action résultant de cet article doit être considérée bien plutôt comme un acte conservatoire que comme un acte d'exécution.

La fraude — c'est ce qu'enseignent presque tous les auteurs — est une attaque véritable et violente de la part du débiteur contre son créancier, et elle doit donner, sous quelque forme qu'elle se présente, une ouverture immédiate au droit de défense de la part de celui-ci.

« La fraude, dit M. Demolombe, fait exception à toutes les règles et, quand une fraude est commise au préjudice d'une personne, c'est le droit incontestable de la légitime défense pour celle-ci d'agir pour démasquer cette fraude et la rendre impuissante. »

« Or, l'action paulienne a pour cause la fraude pratiquée par le débiteur au préjudice de son créancier; telle est, dit fort bien Prudhon, sa cause propre, cause absolument distincte de celle tirée du titre de créance. »

« Donc, dès l'instant où la fraude est commise par le débiteur, l'action paulienne, qui est la défense du créancier contre cette attaque, doit s'exercer aussi corrélativement, et le débiteur serait mal venu à s'en plaindre, puisque c'est sa fraude qui autorise l'action du créancier avant l'échéance du terme. Ainsi l'exige l'équité, qui ne permet pas que la fraude profite à son auteur. »

Et le savant jurisconsulte conclut que, non seulement le créancier à terme, mais même le créancier sous condition suspensive, peut exercer l'action paulienne.

En ce qui concerne celui-ci, il tire un argument, irréfutable suivant moi, de l'article 271 du Code civil, lequel autorise la femme demanderesse en divorce à exercer l'action paulienne, alors pourtant qu'elle n'est créancière que sous la condition suspensive que le divorce soit prononcé ; et M. Demolombe fait remarquer avec raison que cette autorisation, expressément accordée en pareille matière à la femme demanderesse, est comprise sous la rubrique « des mesures provisoires auxquelles peut donner lieu la demande en divorce. »

Et, pas plus que la doctrine, la jurisprudence n'a hésité à entrer dans cette voie. Vous en trouverez le témoignage dans un arrêt de la Cour de Paris du 14 décembre 1866, qui décide expressément que « tout créancier, même éventuel, peut demander la nullité des actes consentis par son débiteur en fraude de ses droits. »

Mais le champ dans lequel peut s'exercer l'action en déclaration de simulation est bien plus large encore.

Lorsqu'il s'agit de celle-ci, « la preuve même de l'intention frauduleuse n'est pas exigée. » (Arrêt de la Cour de Lyon du 27 juin 1874.) « Les juges apprécient souverainement les faits et les circonstances d'où ils font résulter la simulation. » (Arrêts de la Cour de Cassation du 14 juin 1870 et du 31 juillet 1871.) « La simulation peut être établie par toute personne intéressée, en conséquence par tout créancier, antérieur ou postérieur à l'acte simulé » (Arrêts de la Cour de Lyon du 27 juin 1874 et du 28 février 1884 ; de la Cour de Grenoble du 19 février 1892 ; de la Cour de Paris du 21 juin 1893, et de la Chambre des requêtes du 11 mars 1892.)

Je vous signale encore, sous forme de commentaires d'arrêts, deux savantes dissertations, l'une sur l'arrêt de Lyon du 28 février 1884, de M. le professeur Planiol, l'autre sur un arrêt de la Chambre des requêtes du

11 mars 1890, de M. le professeur Robert Beudant. Vous y trouverez bien précisés le caractère et l'étendue de l'action en déclaration de simulation; vous y verrez qu'elle n'a d'autre limite que la vérité et la réalité des faits, ou l'absence complète d'intérêt, présent ou futur, de la part de celui qui l'exerce. Mais, cet intérêt existant à quelque degré que ce soit et le fait ayant été simulé, fictif, apparent, il n'y a, je le répète, aucune limite au droit qu'ont les tribunaux de déclarer cette fictivité, cette apparence, et d'y substituer la réalité qu'ils ont définitivement reconnue.

L'action dont il s'agit est bien plus encore un acte conservatoire que ne serait l'action paulienne, laquelle est déjà qualifiée ainsi de par l'article 271 du Code civil que je vous rappelais tout à l'heure, en vous citant M. Demolombe. S'il est un acte de même nature auquel cette action puisse être comparée, c'est la saisie-arrêt pour laquelle la permission du juge est suffisante et supplée au titre exécutoire. Et ce n'est point au Tribunal que j'ai besoin de dire que, pour obtenir cette permission du juge, il suffit d'être un créancier vraisemblable, un créancier présumé : « Attendu qu'il y a présomption suffisante de créance... »; c'est dans ces termes que vous autorisez chaque jour à former des saisies-arrêts.

C'est ainsi —je vous rappelle cet acte conservatoire que je signalais au commencement de ma plaidoirie —que, le 22 mars 1893, M. le Président du Tribunal de Chambéry a autorisé M. Imbert à faire « saisir conservatoirement et mettre provisoirement sous la main de la justice, jusqu'à décision sur la contestation pendante entre les parties, sauf à convertir ladite saisie en saisie-exécution pure et simple, les objets dont suit le détail... », que l'huissier déclare avoir trouvés dans une maison dite « villa Mar-

guerite », à Tréserves, appartenant à M. Cornélius Herz.
C'est ainsi que l'honorable administrateur de la succession de Reinach aurait incontestablement obtenu de l'un
de vous, Messieurs, l'autorisation de former une saisie-
arrêt entre les mains d'un débiteur, s'il en avait découvert,
de M. Cornélius Herz.

Eh bien, la qualité que vous auriez trouvée suffisante
pour ne pas lui refuser l'autorisation dont il s'agit, cette
qualité suffit également pour que vous fassiez droit à la
demande de laquelle vous êtes aujourd'hui saisis.

En fait, Messieurs, quelle est donc la situation de la
succession de Reinach à l'égard de M. Cornélius Herz?
L'administrateur de cette succession est-il, dès aujour-
d'hui, suffisamment créancier de M. Cornélius Herz, ou
apparaît-il suffisamment comme devant l'être plus tard,
pour que vous disiez, à sa requête et sur sa demande, que
les actes qu'il vous a dénoncés sont fictifs? Et s'il en est
ainsi, y a-t-il quelque exception, notamment celle de l'article 3 du Code d'instruction criminelle, « le criminel tient
le civil en état », qui puisse lui être opposée? Ce sont les
deux questions qu'il me reste à examiner devant vous.

Nous disons, que la succession de Reinach est créancière à des titres divers de M. Cornélius Herz.

Il va de soi que je ne veux pas vous faire l'histoire
complète, depuis leur origine jusqu'au dernier jour de la
vie du baron de Reinach, des rapports pécuniaires qui ont
pu exister entre celui-ci et le docteur Cornélius Herz, de
leur cause plus ou moins apparente ou réelle et du rôle,
plus ou moins singulier, de ceux qui ont pu suggérer ces
relations, ou les entretenir, ou en profiter. De tout cela, je
ne veux pas vous présenter le tableau, je ne veux même
pas, parce que cela n'est pas utile à ma cause, en essayer

l'esquisse. Je me contenterai de marquer par quelques faits précis la situation respective des parties : les conséquences suivront d'elles-mêmes, comme dans la première partie de ma discussion, et il en résultera surabondamment, suivant moi, que M. Imbert a bien qualité pour former, au nom de la succession de Reinach, la demande sur laquelle je vous convie à statuer.

Le premier des faits sur lequel je veuille attirer votre attention, et à raison duquel vous ne pourrez pas vous empêcher de déclarer que la succession de Reinach est dès maintenant créancière d'une somme considérable de M. Cornélius Herz, c'est le cautionnement consenti par le baron de Reinach d'une certaine dette de M. Cornélius Herz envers un sieur Schwob.

Ce M. Schwob, dont le nom a été trop souvent prononcé pour qu'il ne rappelle pas quelque souvenir au Tribunal, ce M. Schwob, dont je n'ai d'ailleurs rien à dire, était en rapport avec M. Cornélius Herz. Ainsi qu'il l'a expliqué lui-même à diverses reprises, et notamment devant la Commission d'enquête parlementaire, il lui avait prêté de l'argent et des titres pour mener à fin ses entreprises d'électricité, entre autres l'entreprise Marcel Desprez pour laquelle, si vous vous en souvenez, M. Cornélius Herz disait, dans sa lettre à la même Commission d'enquête, qu'il était plus ou moins l'associé de M. de Reinach. Et, en juin 1886, il était intervenu entre M. Cornélius Herz et M. Schwob un arrêté de compte, en vertu duquel le premier avait souscrit au second un billet de 500,000 francs, payable le 26 octobre.

Je ne sais pas s'il est vrai, comme l'a raconté M. Schwob, qu'à cette époque, le docteur Herz n'avait aucun ordre, qu'il « jetait tout pêle-mêle dans un tiroir, et qu'il n'avait pas l'ombre de comptabilité ». Ce qui est incontestable, c'est que le docteur Herz n'avait pas d'argent, mais absolument pas!... si bien que le billet Schwob arrivant à échéance, fut protesté; que le 6 novembre 1886, M. Schwob prit contre M. Cornélius Herz un jugement par défaut que le Tribunal trouvera dans mon dossier, en paiement des 500,000 francs représentant le billet protesté, et, le 3 décembre 1886, un jugement de débouté d'opposition; puis, que les poursuites se continuant, le mobilier de M. Cornélius Herz était saisi, et sur le point d'être vendu.

C'est ici que se place l'intervention de M. le baron de Reinach.

M. Cornélius Herz avait fini par obtenir quelques délais de ce créancier aux allures impitoyables qui s'appelait M. Schwob, mais à la condition de lui rapporter la garantie de quelque personne solvable, et il lui avait proposé celle de M. le baron de Reinach. Vous trouverez dans le dossier de l'une des procédures suivies en ce moment contre M. Cornélius Herz, une lettre qui porte la date du 27 avril 1887 et par laquelle celui-ci, je ne dirai pas, demande, mais implore l'intervention officieuse et bienfaisante de M. le baron de Reinach pour adoucir les exigences de son créancier. Il sollicite son cautionnement pour une somme de 150.000 francs, dont M. Schwob a exigé d'abord le paiement à diverses échéances, et il s'engage expressément « pour le cas où la garantie dont il s'agit deviendrait effective », à lui rembourser ces 150.000 francs dans le plus bref délai possible.

Je n'ai pas besoin de vous dire que, M. Cornélius Herz n'ayant pas d'argent, la garantie de M. le baron de Reinach est devenue, comme il le disait, *tout à fait effective* et que celui-ci a payé aux échéances déterminées les 150.000 francs. Les quittances sont aussi au dossier de l'information; elles ont été échangées chez Me Berton, avoué, et je crois qu'il n'y a d'ailleurs entre mon adversaire et moi aucune difficulté sur le fait de ce paiement.

Mais M. Schwob n'avait pas renoncé à poursuivre son débiteur pour le surplus. M. Cornélius Herz fut saisi de nouveau, son mobilier allait être de nouveau vendu, je ne sais pas s'il ne l'a pas été réellement, du moins en partie, et alors, à la sollicitation de M. Cornélius Herz—c'est toujours en pareil cas le débiteur malheureux et aux abois qui sollicite l'homme plus riche et plus aisé que lui —, seconde intervention de M. le baron de Reinach. Celle-ci se manifeste par deux actes notariés que je représente et qui portent l'un et l'autre la date du 4 novembre 1887. Ces actes sont reçus par Mᵉ Pérard, notaire à Paris, et le premier est un acte de cautionnement ainsi conçu :

« M. Schwob expose qu'il est créancier de M. le docteur Herz pour 306,000 francs..... »

150,000 francs ont été payés, des acomptes ont sans doute été versés dans des conditions que je ne puis pas indiquer au Tribunal; quoi qu'il en soit, M. Schwob se dit encore créancier, à cette époque, de la somme principale de 306,000 francs.

« Cela dit, M. le baron de Reinach a déclaré se porter personnellement caution de M. le docteur Herz envers M. Schwob qui accepte..., etc. »

Le même jour et comme conséquence du cautionnement de M. le baron de Reinach jusqu'à concurrence de 306,000 francs, intervient devant Mᵉ Pérard un second acte par lequel M. Schwob fait mainlevée pure et simple des oppositions qu'il avait pratiquées sur un certain nombre de valeurs appartenant au docteur Herz.

C'est-à-dire que, grâce à l'intervention de M. le baron de Reinach, M. Cornélius Herz, à ce moment, sauvait ses meubles saisis et sur le point d'être vendus, et sauvait —

relativement du moins et pour un certain temps — sa situation commerciale ou industrielle, puisqu'il obtenait mainlevée de nombreuses oppositions qui devaient singulièrement l'embarrasser.

A raison de ce cautionnement et par l'intermédiaire de Mᵉ Pérard, conformément à l'acte que je viens d'avoir l'honneur de faire passer sous vos yeux, du 5 septembre 1887 au 2 août 1889 et en huit paiements portant sur le capital et sur les intérêts, le baron de Reinach a payé à M. Schwob, pour le compte de M. Cornélius Herz, une somme totale de 319,935 fr. 45. Le Tribunal trouvera dans mon dossier les huit quittances, toutes conçues dans les mêmes termes que voici : « Reçu de M. de Reinach, par les mains de Mᵉ Pérard, notaire, la somme de..... en l'acquit du docteur Herz et à défaut de paiement par celui-ci, conformément à l'acte, etc... »

Voilà donc un second paiement s'élevant en capital et intérêts à 319,935 fr. 45, second paiement dont la nature et le caractère sont bien précisés par les quittances que je représente : les sommes sont payées en l'acquit de M. le docteur Herz, *à défaut de paiement par celui-ci, conformément à l'acte reçu par Mᵉ Pérard le 4 novembre*, et cet acte est un acte de *cautionnement*. 150,000 francs plus 319,935 fr. 45, cela fait une somme de 469,935 fr. 45. Voilà une créance liquide, celle-là ; voilà une créance certaine, j'imagine, puisque je représente au Tribunal les actes en vertu desquels M. Cornélius Herz était débiteur, les jugements obtenus contre lui, les actes de poursuite dont il a été l'objet, les sollicitations par lui du cautionnement de M. de Reinach, et les quittances délivrées à celui-ci payant en l'acquit de M. Cornélius Herz ce que M. Cornélius Herz ne paie pas, parce qu'il est dans l'impossibilité de le faire.

Le baron de Reinach, en payant, a-t-il été subrogé à M. Schwob contre M. Cornélius Herz? Les premières quittances que le Tribunal pourra se faire représenter le disent expressément. Les autres, ainsi que vous venez de le voir, sont muettes sur ce point; mais il importe peu: la subrogation, en pareil cas est de plein droit aux termes de l'article 1251 du Code civil.

L'engagement qui a été pris par M. le baron de Reinach de payer d'abord les 150,000 francs, puis les 306,000 fr., a-t-il constitué ou n'a-t-il pas constitué une novation de la créance originaire de M. Schwob vis-à-vis de M. Cornélius Herz? Il nous a paru, messieurs, du moins à un certain moment déjà éloigné, qu'on avait eu la pensée d'équivoquer sur ce point; car la seule communication que nous ayons reçue de nos adversaires, à l'origine de ce procès. consistait en deux copies d'actes par lesquels le baron de Reinach protestait contre l'addition par M. Schwob, dans l'une des quittances de la somme de 150,000 francs, des mots « *sans novation.* »

Mais ce que je viens de dire de la subrogation, je le répète de la novation. Qu'importe, en effet, qu'il y ait eu, ou non, novation de la créance de M. Schwob, que celui-ci ait, ou non, conservé un recours plus ou moins efficace, et pendant un temps plus ou moins long, contre M. Cornélius Herz, ou qu'au contraire il ait abandonné ce recours? Ce n'est pas de la situation faite à M. Schwob par l'intervention de M. le baron de Reinach que nous avons à nous occuper ici, mais de la situation qui a été faite dorénavant au baron de Reinach à l'égard de M. Cornélius Herz. Or, lorsqu'il s'est agi des 150,000 fr. comme lorsqu'il s'est agi des 306,000 francs, qu'a fait le baron de Reinach? Il est intervenu à la demande et aux sollicitations de M. Cornélius Herz pour le cautionner,

avec la promesse formelle « *d'être remboursé dans le plus
bref délai possible, si sa garantie devenait effective.* »

Donc, ce qui est intervenu entre le baron de Reinach et
M. Cornélius Herz, c'est un cautionnement véritable; par
conséquent le baron de Reinach, étant caution, se réser-
vait un recours contre le débiteur principal, car les libéralités ne se présument pas : et si l'on nous rapporte un acte
duquel il résulte que le baron de Reinach a protesté,
à un certain moment, contre des mentions de la part de
M. Schwob, qui pouvaient avoir pour résultat de troubler
les rapports entre ce dernier et M. Cornélius Herz, on
ne nous rapporte absolument rien, et on ne nous fournit
l'indication de quoi que ce soit, d'où il puisse résulter
que le baron de Reinach aurait consenti à cautionner
M. Cornélius Herz d'abord pour 150,000 francs, puis pour
306,000 francs, en renonçant contre lui à toute espèce de
recours. Qui dit caution, dit recours contre le débiteur
principal. Le débiteur principal était aux abois; plus a
été grand, plus a été prompt le service qu'on lui a rendu,
plus on avait droit de compter sur un recours efficace
quand il s'agirait d'obtenir définitivement de lui, revenu
à meilleure fortune, le remboursement de ce que l'on
avait avancé pour lui.

Il ne me semble pas, en vérité, avoir rien à ajouter a
ma démonstration sur ce point. Les faits sont constants,
ils sont précis, je représente au Tribunal toutes les pièces
à l'appui, et j'ai le droit de dire aujourd'hui, au nom de la
succession de Reinach, à M. Cornélius Herz : Rapportez-
moi la preuve que vous m'avez remboursé les 469,000 fr.
que j'ai payés pour vous à M. Schwob, que j'ai payés en
votre acquit, comme le disent les quittances que j'ai lues
tout à l'heure, et parce qu'il vous était impossible à vous
même d'effectuer les payements dont il s'agit ; sinon je suis

resté votre créancier de la somme de 469,000 francs et je vous la réclame avec les intérêts.

Dans tous les cas, en attendant que vous me payiez, je dis au Tribunal : J'ai de ce chef une qualité certaine, une qualité définitive, je n'ai point été remboursé des 469,000 fr. que j'avais payés à titre de caution, le débiteur principal continue de me les devoir et, pour assurer mon recours contre lui, je suis bien aujourd'hui dans une situation où j'ai le droit de vous demander de déclarer fictifs des actes qui me portent préjudice.

Voilà, Messieurs, le premier chef de créance de la succession de M. le baron de Reinach, contre M. Cornélius Herz. Il y en a un second. Ce second chef de créance se rattache aux 3,390,000 francs versés, en 1888, par la Société de Panama, au baron de Reinach et dont je vous ai parlé en commençant. Ces 3,390,000 francs sont réclamés aujourd'hui par la Société de Panama ; ils sont réclamés avec bien d'autres millions, car, ainsi que j'avais l'honneur de vous le dire aussi au début de mes observations, l'honorable liquidateur de la Société de Panama, M. Monchicourt, réclame à la succession de M. le baron de Reinach la somme totale de 9,253,792 fr. 39 c.

Or, vous savez, Messieurs, que sur ces trois millions dont je vous parlais tout à l'heure, deux millions ont été versés par M. de Reinach à M. Cornélius Herz. Aussi — et cela va de soi — avons-nous appelé M. Cornélius Herz dans le procès qui nous est intenté à nous-mème, succession de Reinach, et lui disons-nous : De deux choses l'une; ou le paiement de ces deux millions vous a été fait pour le compte de la Société de Panama, dont le baron de Reinach exécutait ponctuellement les instructions, et alors, c'est à vous, puisqu'il n'a été qu'un intermédiaire, que s'adresse la réclamation de ladite Société ; discutez avec elle et, si vous succombez, rendez l'argent, — ou bien le baron de Reinach a payé en son nom personnel, et alors nous soutenons qu'il a payé sans cause, et nous vous disons encore : rendez l'argent.

Ah ! j'entends bien, vous pourriez nous répondre qu'il ne suffit pas de prétendre qu'on a payé sans cause. Cela ne suffit pas, en effet, en droit : il y a pourtant des circonstances dans lesquelles, en fait, cela peut singulièrement émouvoir le juge, parce qu'il a de puissants motifs de croire que c'est la vérité. Dans tous les cas, et s'il est vrai que tout paiement suppose une dette; il ne l'est pas moins que celui qui a payé et qui prétend avoir payé sans cause a le droit de dire à son adversaire qui a reçu : Mais indiquez-moi donc, je vous prie, la cause pour laquelle vous prétendez que je vous devais ?

Or, c'est ce que nous avons dit par la sommation du 25 janvier 1893 au docteur Herz et c'est ce à quoi il n'a pas daigné répondre. Nous avons dit, en effet, c'est M. Imbert qui parle : « que le requérant, nommé administrateur, a depuis son entrée en fonctions, reconnu qu'il avait existé entre le baron de Reinach et Cornélius Herz des rapports d'affaires considérables pendant de longues années ; que Cornélius Herz doit être tenu de rendre compte des opérations qu'il a faites en commun avec le baron de Reinach.

« Que, d'autre part, il est de notoriété publique et il a été reconnu par M. Cornélius Herz lui-même, que dans le courant de l'année 1888, M. Cornélius Herz a reçu du baron de Reinach deux millions ; que ce paiement a eu lieu sans cause et qu'il doit être considéré, non comme un acte par lequel le baron de Reinach se serait libéré d'un prêt, mais comme une avance faite à M. Cornélius Herz, lequel l'avait exigée dans les conditions les plus suspectes. »

Voilà. Messieurs, la sommation que nous avons faite le 25 janvier 1893 à M. Cornélius Herz et à laquelle il n'a pas été répondu. Le Tribunal me permettra d'ailleurs, pour mieux lui faire comprendre combien une réponse paraissait indispensable, de revenir en quelques mots sur ce que je lui disais tout à l'heure de l'affaire Schwob.

Nous sommes en 1887 ; M. Cornélius Herz est poursuivi, dans les conditions que vous connaissez, par M. Schwob en paiement de 500,000 francs, il est dans l'impossibilité de payer et, à deux reprises, son mobilier est saisi et sur le point d'être vendu. Je n'ai besoin de dire à personne ici dans quelle mesure il faut qu'un homme soit insolvable, pour qu'il laisse vendre à sa porte ou dans son appartement les meubles garnissant les lieux qu'il habite. M. Cornélius Herz est donc insolvable et, le 27 avril 1887, dans les termes que je vous ai indiqués, il a recours au baron de Reinach. Et cette première intervention est bientôt suivie d'une seconde à la date du 4 novembre 1887, toujours à titre de cautionnement, pour empêcher, sur une nouvelle saisie, la vente du mobilier du docteur Herz.

Et l'on pourrait se dispenser de fournir à la justice quelques explications sur le point de savoir comment le même homme, qui ne pouvait pas payer 500,000 francs en 1887, qui ne le pouvait pas non plus en 1888 ni en 1889, puisque les huit quittances échangées en l'étude de M⁰ Pérard s'échelonnent du 5 novembre 1887 au 2 août 1889, toutes conçues dans les mêmes termes, — comment cet homme était, à la même époque, devenu créancier de M. le baron de Reinach de deux millions, qu'il touchait en 1888 et qu'il employait de la façon que vous connaissez en acquisitions d'immeubles !

Et jusqu'à ce que ces explications aient été fournies et que nous ayons été mis à même d'en vérifier la valeur, nous ne pourrions pas être considérés comme des créanciers éventuels et probables de cette somme de deux millions, pour l'avoir payée sans cause !

Je ne place pas le débat sur un autre terrain, et cela m'amène, Messieurs, à vous indiquer immédiatement les autres créances auxquelles j'ai déjà fait allusion et dont je ne puis pas indiquer le chiffre, mais qui paraissent bien appartenir à la succession de Reinach contre M. Cornélius Herz.

L'honorable administrateur de la succession de Reinach a trouvé à ce changement de situation singulier, à ce déplacement de fortune pour ainsi dire féérique, une explication. Il l'a trouvée !.., il ne fallait pas pour cela beaucoup d'ingéniosité et des recherches bien extraordinaires ; elle lui était fournie par tous les documents qu'il avait entre les mains, et vous allez voir par quels documents.

C'est qu'il y a eu, à cette époque, de la part de M. Cornélius Herz à l'égard de M. de Reinach, des extorsions de fonds..., disons le mot : des chantages..., et que des sommes considérables sont passées ainsi des mains du baron de Reinach dans celles de M. Cornélius Herz. De ces extorsions de fonds et de ces chantages, le baron de Reinach n'aurait pas cessé d'être la victime de la part du docteur Herz depuis 1887 ou 1888, et jusqu'à la veille de sa mort.

C'est ici que je rencontre cette objection de la part de nos adversaires, à savoir que, si nous parlons de créance au titre que je viens d'indiquer, nous nous heurtons à la disposition de l'article 3 du Code d'instruction criminelle : *le criminel tient le civil en état.*

Cette objection, on nous l'adresse avec d'autant plus de vivacité que, nous-même, administrateur judiciaire de la succession du baron de Reinach, nous avons, à un moment que je vais préciser — 28 janvier 1893 — déposé entre les mains de M. le Procureur de la République, contre M. Cornélius Herz, une plainte en extorsion de fonds et en chantage.

Je crois, Messieurs, que cette objection pèse fort peu, et c'est pourquoi je ne lui ai fait, dans ma plaidoirie, qu'une place tout à fait incidente.

Tout d'abord, il suffirait que la succession de Reinach fût créancière à raison des 469,000 francs payés en l'acquit du docteur Cornélius Herz à M. Schwob, pour que nous puissions former devant vous l'action en déclaration de simulation dont vous êtes saisis. Il suffirait en second lieu que cette succession fût créancière — créancière éventuelle, si vous voulez, — à raison des deux millions payés en 1888 par les chèques Thierrée, pour que nous ayons encore le droit de formuler devant vous la même demande.

Et je n'aurais pas besoin de parler ici de chantage et d'extorsion de fonds, ce que je ne fais, je vous le déclare, que pour ne pas fuir la discussion sur le terrain même où elle a été placée, du moins à un certain moment, c'est-à-dire le terrain de cette objection que *le criminel tient le civil en état.*

J'y réponds tout d'abord en vous rappelant, ce que j'ai dit et démontré déjà, que l'action en déclaration de simulation n'est qu'une simple mesure conservatoire et que jamais la règle que *le criminel tient le civil en état* n'a empêché celui qui prétend avoir le droit de se dire créancier, à raison de faits soumis à une information, de prendre des mesures conservatoires. Cela, messieurs, est de jurisprudence et de doctrine absolument constantes.

Mais je vais bien plus loin, et je dis que j'ai le droit de parler devant le Tribunal de sommes considérables dont la succession du baron de Reinach serait créancière, parce qu'elles auraient été extorquées à celui-ci en 1887, en 1888, en 1889, par M. Cornélius Herz, sans qu'on puisse m'opposer cette objection; parce qu'il s'agit là de faits couverts par la prescription et qui n'appartiennent, en aucune mesure, à l'information en cours.

En effet, Messieurs, pour que vous puissiez bien vous en convaincre, voici la plainte que nous avons eu l'honneur de déposer le 28 janvier 1893 entre les mains de M. le Procureur de la République :

« Paris, le 28 janvier 1893.

« **Monsieur le Procureur de la République,**

« **Un** certain nombre de pièces et documents, découverts au cours de l'inventaire dressé à la suite du décès de **M.** le baron de Reinach, ont démontré que depuis l'année **1886** celui-ci avait dû payer, sans cause légitime, des sommes considérables à **M.** le docteur Cornélius **Herz**, et j'ai cru devoir prendre les mesures nécessaires pour assurer autant que possible le remboursement de ces sommes à la succession dont je suis l'administrateur judiciaire.

« En outre, j'avais tout lieu de penser que **M.** Cornélius Herz ne s'était pas borné à encaisser les sommes dont il s'agit, mais qu'il avait dû en provoquer le versement entre ses mains par des manœuvres coupables.

« Je viens d'acquérir, sinon la preuve définitive, du moins des témoignages dont la gravité ne saurait vous échapper et qui résultent de documents qui sont ou qui vont être entre les mains de la justice.

« **Ces** documents établissent que **M.** le baron de Reinach a été à diverses reprises la victime des manœuvres ou des menaces de **M.** Cornélius Herz; que c'est par suite de ces manœuvres ou sous le coup de ces menaces qu'il a versé entre les mains de ce dernier des sommes d'argent dont il ne m'est pas possible de préciser le montant et que **M.** le baron de Reinach lui-même a été sur le point de déposer, à ce sujet, une plainte à votre Parquet.

« **Ces** faits me paraissent constituer les délits d escroquerie ou de tentatives d'escroquerie, chantage, ou tentatives de chantage, prévus par les articles 405 et 400 C. pén.

« Ils remontent aux premiers jours du mois de février 1890 et, en conséquence, ils ne sont pas encore couverts par la prescription.

« Dans ces circonstances, et accomplissant ce que M. le baron de Reinach a été sur le point de faire lui-même, je m'empresse, dans l'intérêt moral et pécuniaire de sa succession, de vous signaler les faits dont il s'agit et je vous prie de vouloir bien, dans le plus bref délai possible, donner suite à ma plainte, sur laquelle je déclare me porter partie civile.

« Veuillez agréer, Monsieur le Procureur de la République, l'assurance de mon plus profond respect.

« Signé : A. IMBERT. »

A l'appui de cette plainte, M. Imbert avait joint quatre documents que j'ai entre les mains, mais qu'il n'est pas nécessaire que je lise au Tribunal. Ce sont des dépêches de M. Cornélius Herz au baron de Reinach, conçues, ou à peu près, dans les mêmes termes que celles que nous connaissons tous pour les avoir lues partout où elles ont été imprimées. Voici seulement la dernière, adressée celle-là, par le docteur Herz à M. Guillot, alors député, le 16 février 1890, et transmise au baron de Reinach par M. Chabert.

« Quant à Reinach, dès demain il marchera lui-même rondement. C'est entendu. Vous comprenez pourquoi on peut compter sur lui. Dites-lui cela de ma part.

« Signé : HERZ. »

C'est au dos de cette dépêche et de la lettre d'envoi que M. de Reinach avait écrit un projet de plainte à adresser par lui à M. le Procureur de la République.

Vous comprenez maintenant que les seuls faits qui aient pu être visés par le réquisitoire de M. le Procureur de la République, les seuls sur lesquels puisse porter une infor mation à l'heure où nous sommes, sont des faits qui ne remontent pas au delà du 28 janvier 1890. C'est à l'égard de ces faits seulement qu'il pourrait être vrai de dire que *le criminel tient le civil en état*. Mais pour tous les autres faits antérieurs à cette date, il va de soi que l'information requise par M. le Procureur de la République ne peut ni les qualifier, ni les retenir, et par conséquent l'exception que *le criminel tient le civil en état* ne peut pas s'y appliquer. Ces faits ne peuvent que constituer, le cas échéant, des éléments de moralité et donner lieu à des réparations civiles.

Nous sommes donc dans notre droit quand, ayant à établir à l'égard de M. le docteur Herz notre qualité de créancier, nous disons : 1° que nous sommes créancier d'une somme certaine et liquide de 469,000 francs pour le paiement du billet Schwob; 2° que nous sommes créancier, dans les conditions que vous savez, de la somme de deux millions que M. Cornélius Herz a reçue en 1888, pour des causes qu'il n'indique pas; 3° enfin, que nous sommes créancier pour des sommes considérables, à raison d'extorsions de fonds ou de chantages dont le baron de Reinach n'a cessé d'être la victime de la part de M. le docteur Herz, depuis 1887 ou 1888 jusqu'au 28 janvier 1890, extorsions de fonds, escroqueries, chantages (vous les qualifierez et vous les appellerez comme vous voudrez), pour lesquels nous n'avons plus contre lui qu'une seule espèce de recours, le recours à fin civile et à fin pécuniaire; — parce que, de ce chef, l'impunité lui est dorénavant assurée, l'information ne pouvant relever à sa charge que des délits dont il se serait rendu coupable depuis moins de trois ans, à partir du réquisitoire introductif.

Il n'y a, je le répète, aucune place dans ce débat pour l'exception qui consiste à dire que *le criminel tient le civil en état*, puisque nous n'invoquons pas, et nous n'avons aucun besoin de le faire, devant le Tribunal, notre qualité de créancier à raison des sommes qui auraient été extorquées au baron de Reinach depuis le 28 janvier 1890.

Mais cette plainte, que je viens de vous rappeler, a donné lieu à une information nouvelle contre M. Cornélius Herz. Cette information reste toujours ouverte; elle a motivé de la part du Gouvernement une nouvelle demande d'extradition, laquelle reste toujours pendante. M. Cornélius Herz se tenant, de son côté, toujours prudemment à l'abri. J'ai bien le droit de dire, Messieurs, que ce sont là autant de présomptions favorables dont nous pouvons nous prévaloir devant vous; présomptions qui nous suffisent, étant donné que, pour triompher dans notre demande actuelle, il n'est pas nécessaire (je ne saurais trop le répéter) que nous disions de combien nous sommes créanciers de M. le docteur Cornélius Herz, encore moins que nous l'établissions; mais il suffit que nous apparaissions devant vous comme des créanciers *probables*, *présumés...* ce sont les expressions dont le Tribunal a l'habitude de se servir quand il s'agit d'autoriser des mesures purement conservatoires.

Quant à notre plainte, Messieurs, quel que soit votre jugement, elle suit et elle suivra son libre cours. Que M. Cornélius Herz soit ou non livré à la justice française qui le réclame, nous savons qu'il n'était pas seul, avec le baron de Reinach, en possession de leurs secrets réciproques; et nous sommes bien sûrs que la justice, quand elle croira le moment venu, fera facilement la lumière sur tous les rapports qui ont existé entre ces deux personnages désormais trop célèbres.

Ce n'est pas à M. Imbert, en sa qualité d'administrateur, qu'il appartient ni de vouloir devancer, ni de vouloir, pour ainsi dire, déflorer l'œuvre de la justice au point de vue dont il s'agit. Plus tard, lorsqu'elle aura statué, si les circonstances l'exigent, alors, Messieurs, nous pourrons peut-être vous fournir, à notre tour, quelques explications dans lesquelles nous ne voulons, à aucun degré, entrer aujourd'hui et vous montrer comment la fortune entière du baron de Reinach qui, de 1870 à 1887, s'était progressivement et lentement accrue, s'est, à partir de ce moment, pour ainsi dire liquéfiée, pour s'écouler, par des conduites savamment préparées, dans le coffre-fort de M. Cornélius Herz... ou dans ses aboutissants.

Je ne veux, pour le moment, rien dire de plus ; et, quand je vous aurai rappelé deux documents qui me paraissent tout aussi décisifs que le premier que j'ai eu l'honneur de vous lire (la lettre à la Commission d'enquête), deux documents de vous bien connus, je n'aurai plus rien à ajouter.

Ces documents dont je veux vous parler sont : 1° le décret du 27 janvier 1893, portant radiation du docteur Herz des cadres de la Légion d'honneur; 2° une lettre du 17 janvier précédent, de M. Cornélius Herz au Grand Chancelier de la Légion d'honneur. Pour tout le reste, si quelques documents complémentaires paraissaient indispensables au Tribunal, M. l'Avocat de la République les trouverait au dossier de l'information suivie contre M. Herz. Quelques-uns, dont il a été fait mention dans l'inventaire après le décès de M. le baron de Reinach, ont été communiqués par moi à mon honorable adversaire, mais je ne crois pas devoir vous les lire, parce qu'ils ne me paraissent pas utiles à la solution du débat actuel.

Le premier de ces documents est ainsi conçu :

« **Le Président de la République,**

« **Vu la loi du 25 juillet 1873 ; vu le décret disciplinaire :**

« **Considérant qu'à la date du 5 janvier 1893 le Ministre de la Justice a transmis à la grande chancellerie un rapport de M. Franqueville, juge d'instruction au Tribunal de la Seine, portant…..** »

Vous allez savoir ce que M. Franqueville, juge d'instruction, c'est-à-dire ce que la justice pense des manœuvres de M. Cornélius Herz ; vous allez savoir, non pas ce qu'il pense de la plainte qui est entre ses mains et de la suite qui doit lui être donnée, mais ce qu'il pense de faits analogues, identiques à ceux que nous lui avons signalés dans cette plainte et qui, remontant à une date antérieure, sont couverts par la prescription.

« **Au cours de l'instruction suivie contre MM. Charles de Lesseps, Fontane et autres, sous l'inculpation de corruption de fonctionnaires publics, le docteur Herz, grand-officier de la Légion d'honneur, a été signalé comme ayant reçu, par l'intermédiaire du baron de Reinach, des sommes considérables provenant de la Compagnie du Canal interocéanique de Panama, sans qu'il apparaisse qu'il ait rendu à cette Compagnie aucun service appréciable en échange de ces libéralités. Ces sommes dépasseraient le chiffre de deux millions.**

« **Le départ furtif de ce dignitaire de la Légion d'honneur pour l'étranger, après le décès du baron de Reinach, accusait à lui seul le caractère suspect de leurs relations et des opérations qui avaient pu être traitées entre eux.**

La saisie récente du registre copie de lettres de de Reinach a fait découvrir, entre autres documents, une lettre du 28 novembre 1888 et une dépêche du 10 juillet de la même année, qui paraissent confirmer pleinement les soupçons qui s'étaient élevés contre le docteur Herz, dès la première heure, à ce sujet.

« **Je m'empresse de vous signaler ces faits, conformément à l'article 3 du décret du 14 avril 1874, en vous transmettant une copie de la lettre et de la dépêche dont il s'agit.** »

. . . .

« Considérant que, par une communication postérieure, en
date du 19 janvier 1893, M. le Procureur général près la Cour
d'Appel de Paris a fait connaître au Grand-Chancelier « qu'une
« instruction judiciaire est ouverte, du chef de complicité d'es-
« croquerie et d'abus de confiance, contre le sieur Cornélius
« Herz, grand-officier de la Légion d'honneur» ;

« Considérant que, si une instruction judiciaire est ouverte
contre le sieur Cornélius Herz, à raison de certains faits qui se
rattachent au premier grief énoncé dans le rapport précité du
juge d'instruction, ce même rapport a signalé, en outre, des
faits de chantage qui résultent de la dépêche écrite de Francfort,
par le sieur Cornélius Herz, au sieur de Reinach, à la date du
10 juillet 1888 ; que ces faits sont couverts par la prescription
et ne peuvent faire l'objet de poursuites devant les Tribunaux ;

« Qu'il y a lieu, dès lors, de procéder à l'égard de ces faits
dans les conditions prévues par la loi du 25 juillet 1873 et le
décret du 14 avril 1874, relatifs au pouvoir disciplinaire du
Conseil ;

« Considérant que la correspondance échangée entre le sieur
Cornélius Herz et le sieur de Reinach, en 1888, fournit la
preuve de manœuvres et de pression violente exercées par le
sieur Cornélius Herz en vue d'arracher le paiement de sommes
considérables, et qu'aucune justification n'a été produite à l'appui des prétendues créances du sieur Cornélius Herz ;

« Qu'il y a dans ces manœuvres et cette pression un fait portant atteinte à l'honneur ;

« Vu l'avis du Conseil de l'Ordre, émis à l'unanimité des onze
membres votants, concluant à ce que le sieur Cornélius Herz
soit exclu de la Légion d'honneur pour fait portant atteinte à
l'honneur ;

« Sur la proposition du Grand-Chancelier de la Légion
d'honneur ;

« Décrète :

« Article premier. — Le sieur Cornélius Herz, ci-dessus qua-
lifié, est rayé, pour fait portant atteinte à l'honneur, des matri-
cules de l'Ordre national de la Légion d'honneur.

« Art. 2. — Les ministres aux divers départements ministériels et le Grand-Chancelier de la Légion d'honneur sont chargés, chacun en ce qui le concerne, de l'exécution du présent décret.

« Fait à Paris, le **27 janvier 1893**.

« **CARNOT.**

« **Par le Président de la République :**

Le Garde des Sceaux, Ministre de la Justice :

« Léon **BOURGEOIS.**

« **Vu pour l'exécution :**

« **Le Grand-Chancelier,**

« **Général FÉVRIER. »**

Permettez-moi de vous dire que, si les faits en question n'avaient pas été couverts par la prescription, M. le Grand Chancelier, le Conseil de l'Ordre de la Légion d'honneur et M. le Président de la République auraient attendu que la justice eût statué pour se prononcer sur le cas de M. Herz. Mais, et implicitement, le décret dont je vous donne lecture répond, comme je l'ai fait tout à l'heure, à l'objection que *le criminel tient le civil en état,* par le même argument de la prescription.

Vous voulez l'appréciation de la justice ? La voilà !... Voilà son appréciation sur des faits à l'égard desquels elle est désarmée, sur des faits qui ne peuvent point être de sa part — je ne sais pas si c'est M. Cornélius Herz qui le regrette — l'objet de poursuites criminelles ou correctionnelles : ce sont des faits qui portent atteinte à l'honneur ; ce sont des faits dont la preuve a paru constante et irréfutable à l'unanimité des onze membres du Conseil de l'Ordre de la Légion d'honneur qui ont jugé M. Cornélius Herz.

M° CLUNET, avocat de M. Cornélius Herz. — Sans l'entendre.

M° BOUCHEZ. — Qu'il vienne donc !... Comment, sans

l'entendre ! Qu'il vienne donc se faire entendre lui-même, en personne!... Qui donc l'empêche de se présenter? Il y a été assez invité; nous allons voir sa réponse... avec le post-scriptum.

Ah ! sans l'entendre!... mais il avait tout au moins promis des explications par écrit, et, cependant, il est resté sous le coup du décret dont je viens de parler sans en fournir aucune. En effet, il avait été prévenu de la décision qu'on devait prendre contre lui, prévenu officiellement, prévenu (cela va de soi) officieusement, et dès le 20 janvier 1893, il avait écrit à M. le Grand Chancelier de la Légion d'honneur la lettre que voici et dont je vous demande la permission de ne vous lire que la partie utile à ma démonstration.

« Par votre lettre du 14 janvier que je reçois aujourd'hui à Bournemouth vous m'informez que je suis inculpé, etc. »

Je vous recommande le passage qui va suivre et dans lequel vous trouverez une seconde fois l'aveu, par conséquent la preuve, de ce que j'ai eu l'honneur de vous dire en commençant sur le fait même de la simulation :

« Sur le premier point, je n'ai qu'à confirmer ma lettre à la Commission d'enquête. Ces 2 millions ont été payés par M. de Reinach sans que j'en connaisse l'origine et pour l'acquittement d'une partie de sa dette envers moi, que nous avons définitivement réglée par acte du 18 juillet 1889, actuellement en dépôt chez MM. de Rothschild, à Francfort.

« Je vous envoie mon compte chez M⁰ Fontana, notaire à Paris, établissant que j'ai employé cette somme en acquisitions d'immeubles et non à la corruption de députés:

« Sur le second point...

Le Tribunal me permettra de passer.

« Sur le deuxième chef de l'inculpation relatif à des manœuvres de chantage vis-à-vis M. de Reinach, je proteste énergiquement contre une telle imputation. »

« **Le chantage suppose des menaces sous condition pour extorquer des sommes auxquelles on n'a aucun droit. Mon cas est tout autre : j'étais créancier de M. de Reinach ; je lui ai demandé un règlement de compte ; il m'a opposé d'abord une résistance de mauvaise foi, il a plus tard essayé de supprimer son créancier par une tentative d'empoisonnement ; je l'ai menacé de poursuivre mon paiement par toutes les voies de droit ; je l'ai menacé de le livrer à la justice de son pays. Il a fini par reconnaître sa dette.**

« **Mais, pour compléter ma défense, je demande l'autorisation, qui ne serait pas refusée au dernier des malfaiteurs, de faire prendre connaissance par mon défenseur du dossier qui m'accuse et je sollicite un délai de trois semaines pour réunir mes pièces et rédiger mon mémoire.**

« **Veuillez agréer, etc.**

« **Cornélius HERZ,**

« **Grand-Officier de la Légion d'honneur. »**

« **P. S.** — **Je joins à cette lettre un certificat de médecin qui établit l'impossibilité où je suis de me présenter en personne. »**

Eh bien ! Messieurs, vous le voyez, il y avait des explications fournies. Elles ne vous paraîtront certainement pas plus décisives qu'elles n'ont paru au Conseil de l'ordre de la Légion d'honneur ; et elles ne lui ont pas paru décisives puisque, dix jours après, intervenait le décret dont je vous donnais lecture tout à l'heure et qui certainement n'a été ni délibéré, ni rédigé, ni signé par personne, sans un examen approfondi et je puis bien ajouter : sans une profonde tristesse et un grand serrement de cœur !

Puis, il y avait des justifications promises. Eh bien ! ces justifications promises, nous les attendons et tout le monde les attend toujours. Les seuls documents qu'on ait fait paraître de temps en temps sont des documents de la nature de celui auquel il est fait allusion dans le post-scriptum, c'est-à-dire des certificats de médecins ; nous en connaissons une certaine variété. Mais vous aurez remarqué, Messieurs, que ceux qui ont déclaré que le docteur Cornélius Herz pouvait, à un certain moment, se présenter en personne, ne l'ont jamais décidé à le faire, et que l'ex-grand-officier de la Légion d'honneur est toujours resté attaché au rivage de Bournemouth.

Je comprends, d'ailleurs, quelles difficultés, ou pour mieux dire, quelles appréhensions, il pouvait avoir à venir se mettre, en France, à la disposition de la justice. Encore aurait-il pu, sans exposer sa personne, répondre aux sommations de M. Imbert et lui fournir quelques-unes des explications que l'honorable administrateur de la succession voulait bien lui demander. Il lui disait : On a payé pour vous, à une certaine époque, 500,000 francs, on vous a donné plus tard 2 millions, vous avez reconnu que vous aviez été l'associé de Reinach dans un grand nombre d'affaires, que vous aviez eu des intérêts communs ; or, alors qu'en 1888, vos meubles étaient saisis et vendus, aujourd'hui vous êtes dans l'opulence et vous avez des millions, et moi je suis l'administrateur judiciaire d'une succession dans laquelle je ne trouve plus rien ! Fournissez-moi, je vous prie, lui disait l'administrateur judiciaire, quelques explications ; mais jamais M. Cornélius Herz n'a daigné lui en fournir aucune !

Si du moins il s'était contenté de garder le silence ! Mais cela ne lui a pas suffi. De Bournemouth, où il s'obstine à rester, M. le docteur Herz a fait signifier le 11 mars 1893 à l'administrateur de la succession de Reinach des conclusions qui sont ainsi formulées ; ce sont, par parenthèse, des conclusions au fond, dans lesquelles on demande au Tribunal de déclarer M. Imbert non recevable et *mal fondé*. Mais ce n'est pas la fin qui m'intéresse, c'est le commencement dans lequel il est dit :

« Attendu que suivant exploit du ministère de Trichet, huissier, à Paris, Imbert, administrateur judiciaire de la succession dé M. le baron de Reinach **se prétendant mensongèrement créancier en ladite qualité**, a formé contre le docteur Cornélius Herz une demande tendant à faire déclarer M. Herz, propriétaire de divers immeubles acquis par Mme Herz son épouse... »

Vous entendez bien, Messieurs, le mot y est « *mensongèrement !* » c'est à l'honorable M. Imbert que cela s'adresse ! Ah ! M. Cornélius Herz a donc absolument oublié ce jour-là qu'il est resté, lui, sous le coup de cette abominable flétrissure résultant du décret du 27 janvier que je viens de vous lire !... M. Cornélius Herz s'est donc imaginé qu'il avait toujours affaire au baron de Reinach et qu'il était encore au temps où il le tenait là, tremblant dans sa main, et où il le secouait, de cette main si puissante alors, jusqu'à ce qu'il en eût fait tomber tous les millions ! Mais le baron de Reinach est mort, il est mort ruiné, il est même le seul, dans cette lamentable affaire, dont on peut dire que, s'il a dû beaucoup aux particuliers et à la justice, il a doublement tout payé : de sa fortune d'abord et ensuite de sa vie !... C'est bien quelque chose, après tout.

Il n'y a donc plus ici de baron de Reinach : il n'y a qu'un administrateur loyal et désintéressé de la succession insolvable du baron de Reinach, administrateur que je n'ai pas (cela va de soi) à venger des injures de l'ex-grand-officier de la Légion d'honneur, M. Cornélius Herz. C'est pour cela, messieurs, c'est pour atténuer autant qu'il le peut cette insolvabilité de la succession, c'est pour l'atténuer dans l'intérêt de créanciers à qui vous devez vous-mêmes tous les égards, c'est pour cela, dis-je, que M. Imbert est aujourd'hui devant vous et que je me présente en son nom.

Il a justifié, ce me semble, de sa qualité autant qu'il est nécessaire en pareille matière ; il vous a démontré que M. Cornélius Herz était le débiteur de sommes liquides, certaines, exigibles de la succession du baron de Reinach ; qu'il était en outre débiteur, pour des sommes considérables, de cette même succession, à des titres que vous avez bien compris, et que vous avez aujourd'hui, sans porter atteinte à la règle que « le criminel tient le civil en état », le droit d'apprécier.

C'est en cette qualité qu'il vient vous demander de vouloir bien rétablir dans leur exactitude et dans leur sincérité des faits qui ont été l'objet d'une simulation flagrante et avouée.

Je sais, messieurs, à quel point vous avez le culte de la vérité et de la justice. Vous n'hésiterez pas à donner à l'une et à l'autre cette première et si légitime satisfaction.

C'est pourquoi, je persiste avec confiance dans les conclusions que j'ai eu l'honneur de prendre devant vous.

Audience du 11 janvier 1894

Messieurs,

Sans autre préambule que l'expression de mon vif désir de fatiguer le moins longtemps possible votre bienveillante attention, je vais m'efforcer de répondre clairement à l'argumentation si complète et si éloquente qui vous a été présentée à vos deux dernières audiences par Mᵉ Clunet.

Il vous disait, en terminant, qu'il n'aimait pas les fins de non-recevoir, et je ne pouvais m'empêcher de faire à part moi cette réflexion : « Que serait-ce donc si mon adversaire les avait aimées ! » Car, en ce qui concerne seulement M. Imbert, pour qui j'ai l'honneur de plaider, il lui en a opposé trois que je vais rapidement examiner.

La première consiste à lui dire que la limite, rigoureusement imposée par vous, de ses pouvoirs d'administrateur provisoire de la succession du baron de Reinach ne lui permet pas de faire le procès qu'il a introduit devant le Tribunal ; — la seconde, à opposer à M. Imbert une règle de droit qu'on exprime mieux en latin qu'en français: *Unâ viâ electâ...*; la troisième, c'est que « le criminel tient le civil en état ».

Voyons la première :

M. Imbert peut-il, oui ou non, en sa qualité d'administrateur provisoire de la succession de Reinach, suivre seul le procès qu'il a porté devant vous? Ce pouvoir d'ester en justice, dit mon adversaire, a été expressément demandé pour lui à la Chambre du conseil, mais celle-ci ne le lui a pas accordé ; elle s'est contentée de lui confirmer, dans les termes de l'ordonnance de référé du 22 novembre 1892: **Les pouvoirs les plus étendus pour gérer et administrer tant activement que passivement la succession, prendre toutes mesures conservatoires, etc.**

A cela je réponds que votre Chambre du conseil n'a pas dit, suivant la formule, avec ou sans motifs à l'appui, *qu'il n'y avait lieu* d'accorder à M. Imbert tels ou tels pouvoirs expressément sollicités pour lui, mais que, suivant une jurisprudence constante en pareille matière, elle a purement et simplement confirmé l'ordonnance rendue par le juge des référés. J'en conclus que son silence doit être interprété, non pas comme un refus, qui lui, aurait dû être exprès, des pouvoirs ainsi demandés, mais plutôt comme la reconnaissance de l'inutilité de les conférer explicitement à l'administrateur provisoire. Et cela, parce qu'ils étaient compris implicitement dans ceux exprimés par l'ordonnance de référé : **Tous pouvoirs pour gérer et administrer activement la succession.**

Comment imaginer, en effet, surtout dans les circonstances que vous connaissez, une administration active et utile de la succession de Reinach, sans le droit d'en poursuivre les débiteurs? Comment, en présence de l'inaction des héritiers, en présence — je parle ici par hypothèse

et pour tout administrateur d'une succession semblable
— d'une collusion possible entre eux et tel ou tel débiteur
de la succession qui chercherait à se rendre insolvable,
l'administrateur, mandataire de justice, n'aurait pas le
droit et le devoir absolu d'agir ! Son silence ou son inaction engageraient évidemment, et au premier chef, sa
responsabilité.

Aussi, Messieurs, et en pratique, l'administrateur provisoire, nommé dans les termes où l'a été l'honorable
M. Imbert, agit-il toujours seul et son action est-elle toujours déclarée recevable.

Vous en trouverez, dans mon dossier, des exemples
nombreux qui s'appliquent à des successions dont les
divers administrateurs judiciaires habituellement désignés
par le Tribunal, et M. Imbert lui-même, étaient les administrateurs provisoires. Vous en trouverez un notamment
dans une affaire qui touche de près à la succession de
Reinach : l'administrateur provisoire d'une autre succession, auquel avaient été conférés des pouvoirs analogues à
ceux de M. Imbert, avait assigné en validité de saisie-
arrêt un créancier de la succession de Reinach elle-même ;
l'exception résultant de la prétendue insuffisance de ces
pouvoirs avait été soulevée ; mais la deuxième Chambre
du Tribunal de la Seine n'a pas hésité à déclarer l'action
recevable. C'est encore dans le sens de cette recevabilité
que statuait un jugement rendu par vous-même et que
j'entendais prononcer au début de votre audience à la
huitaine dernière.

J'ajoute, et cela me paraît décisif, qu'un administrateur provisoire, comme M. Imbert, a incontestablement le
droit, puisque cela est dit en termes exprès dans votre
ordonnance et dans le jugement de la Chambre du conseil,
de prendre des mesures conservatoires ; il peut, cela va

de soi, faire tout ce qui est indispensable pour que ces mesures soient valables et efficaces. Il a, en conséquence, le droit incontestable, non seulement de former des saisies-arrêts, mais de faire statuer sur leur validité.

Ainsi cette circonstance, que l'action en justice de l'administrateur a pour but et doit avoir pour résultat de rendre efficace une mesure conservatoire, suffit pour le rendre recevable à suivre seul l'action dont il s'agit. A plus forte raison si, comme dans l'espèce, la mesure conservatoire elle-même est et ne peut être que l'action en justice.

Le Tribunal a bien compris, d'ailleurs, qu'au fond de cette première fin de non-recevoir opposée à M. Imbert, il n'y avait, en définitive, qu'un défi — j'allais dire une tentative de chantage — qui est dans les habitudes du personnage contre qui je plaide aujourd'hui. Eh bien ! ce défi a été relevé, et je ne saurais, pour mon compte, trop me féliciter du premier résultat qu'il a eu, puisque ça été d'amener à côté de moi notre éminent Bâtonnier, à la loyauté et au talent duquel les héritiers de Reinach ont eu la bonne fortune de confier leur cause.

La seconde fin de non-recevoir opposée à la demande de M. Imbert est tirée de ce qu'ayant eu recours à la voie criminelle, il ne pourrait plus maintenant agir par la voie civile. On lui oppose, en effet, la plainte qu'il a déposée entre les mains de M. le Procureur de la République le 28 janvier 1893.

Je ferai remarquer d'abord au Tribunal que si la règle *unâ viâ electâ...* devait être appliquée à M. Imbert, ce serait en sens inverse ; car, tandis que sa plainte est du 28 janvier, l'assignation qu'il a délivrée à M. et à Mme Cornélius Herz est du 27 ; de sorte que ce qui serait non recevable de sa part, ce ne serait pas l'action civile pendante devant vous, mais bien la constitution de partie civile sur la plainte portée à M. le Procureur de la République. En effet ce n'est pas la voie criminelle ou correctionnelle, mais la voie civile que M. Imbert avait d'abord choisie.

Mais je tiens que l'une et l'autre sont également recevables parce qu'elles ne visent pas les mêmes faits, et qu'en conséquence, l'une n'implique pas une renonciation à l'autre. Avant d'insister sur ce point, permettez-moi de vous faire observer, avec M. Faustin Hélie, qu'il ne faut exagérer ni la portée, ni la rigueur de cette règle *unâ viâ electâ*... « C'est là, dit le savant criminaliste (t. III, page 484), une règle purement arbitraire, qui ne repose sur aucun texte, et qui n'est soutenue que par l'équité qui commande son application », et il ajoute que c'est surtout lorsqu'il s'agit d'autoriser le passage de l'action criminelle à l'action civile qu'il faut appliquer cette règle avec une grande réserve.

Cela dit, je vous prie de reprendre la plainte de M. Imbert et de la reprendre telle qu'elle est conçue : il n'y a pas à lire entre les lignes. Vous vous convaincrez facilement, qu'après un exposé de faits plus ou moins général, qui précède nécessairement tous les documents de cette nature, le plaignant, arrivant à la conclusion qu'il en veut tirer, ne vise expressément que ce qu'il pouvait viser, c'est-à-dire des faits qui n'étaient pas couverts par la prescription, parce qu'ils remontaient à une époque postérieure au 28 janvier 1890.

Ces faits me paraissent constituer les délits d'escroquerie ou tentative d'escroquerie, etc..., ils remontent aux premiers jours de février 1890 et en conséquence ils ne sont pas encore couverts par la prescription.

Dans ces circonstances, j'ai l'honneur, etc.

On n'est ni plus clair, ni plus précis.

Que ces faits se rattachent à d'autres faits antérieurs dont ils ne sont que la continuation, cela va de soi, et je mettrais bien au défi de poursuivre à l'heure actuelle pour des faits non prescrits M. Cornélius Herz, sans exposer préalablement les faits qui ont été la genèse, pour ainsi dire, de ceux à l'occasion desquels il serait poursuivi. Cela est indispensable pour l'intelligence des faits, il n'y a pas de documents judiciaires dans lesquels on ne procède ainsi. Mais, dans ces documents comme dans une plainte, quand on arrive à la conclusion, il ne peut plus être retenu que des faits non prescrits, comme ceux que M. Imbert, allant au-devant des préoccupations de M. le Procureur de la République, lui a indiqués d'une façon si précise et si rigoureuse.

Enfin, Messieurs, je vous rappelle ce que j'ai dit tout à l'heure sur la première fin de non-recevoir : c'est qu'il ne s'agit ici que de mesures conservatoires et qu'à ces mesures il n'y a pas de fins de non-recevoir de cette nature qui puissent être opposées, pas plus celle dont je viens de parler et qui se formule par la règle *una via electa...* que celle qui serait tirée de l'article 3 du Code d'instruction criminelle et qu'il me reste maintenant à écarter.

Il est vrai que le criminel tient le civil en état ; mais c'est à la condition qu'il s'agisse bien au civil des mêmes faits qui sont l'objet d'une poursuite au criminel ; et des mêmes faits, non seulement dans leur matérialité, mais encore dans le point de vue juridique auquel ils sont envisagés et dans la qualification qui leur est appliquée.

Or, il ne saurait être question ici des faits dont je viens de parler, qui sont relevés dans la plainte de M. Imbert et visés par la seconde information introduite contre

M. Cornélius Herz. Quels que soient les termes explica-
tifs et plus ou moins compréhensifs de tel ou tel acte
de la procédure, notamment des mandats d'arrêt qui
ont été lus à votre dernière audience et dont le texte m'a
été communiqué ce matin par mon honorable adversaire,
quels que soient les renseignements sur des faits antérieurs qu'ils doivent nécessairement contenir, étant
donné surtout qu'ils sont destinés à des autorités
étrangères, il n'y a qu'un seul ordre de faits sur lesquels puisse porter cette information, à savoir ceux qui
sont visés par le réquisitoire introductif. Et ce réquisitoire, que cela y soit exprimé ou non, en termes formels,
n'a pu viser que des faits remontant à moins de trois ans.

Et il ne s'élève ici aucune question analogue à celle
que soulevait une autre affaire trop connue, dont on vous
rappelait le souvenir à la dernière audience : la question
de savoir si M. le Procureur général près la Cour de Paris
avait fait, ou non, ce qu'il fallait faire pour interrompre
une prescription, si un réquisitoire de lui était valable et si,
en conséquence, cette prescription avait été interrompue.
Personne ne doute que le réquisitoire introductif signé
par M. le Procureur de la République sur la plainte de
M. Imbert ne soit parfaitement régulier ; dans tous les cas,
vous devez le tenir pour tel. Mais il y a une prescription
accomplie qui en limite la portée, il y a des faits qui sont
couverts par elle et qu'il ne peut plus atteindre ; et cette
prescription, elle s'impose au juge civil comme au ministère public.

Donc, en tant qu'il s'agit, comme dans l'espèce, de faits
prescrits, c'est-à-dire remontant à plus de trois années
en arrière à partir du 28 janvier 1893, il n'y a pas de
place pour l'exception tirée de l'article 3 du Code d'instruction criminelle, et vous pouvez statuer librement,

sans avoir à faire état des poursuites requises par le ministère public.

C'est qu'en effet l'unique motif qui a dicté au législateur la disposition de cet article 3, c'est la nécessité d'éviter une contrariété de jugements ou d'appréciations judiciaires sur les mêmes faits. Dès que cette contrariété n'est plus à craindre, la règle cesse d'être applicable, et cela se présente non seulement quand il ne s'agit pas des même faits, mais encore lorsque les faits dont il s'agit étant les mêmes, ils ne sont point envisagés en droit au même point de vue. Ici, Messieurs, je fais allusion aux premières poursuites intentées contre M. Cornélius Herz pour complicité d'escroquerie et abus de confiance au préjudice de la Compagnie de Panama. M. Cornélius Herz pourrait être déclaré coupable de cette complicité, et à l'inverse, on pourrait décider que de ce chef il n'y a pas lieu, pour un motif ou pour un autre, à suivre contre lui, sans que cela changeât en rien l'aspect de la question qui vous est soumise aujourd'hui, à savoir : si M. Cornélius Herz est, ou non, le débiteur de la succession de Reinach à raison d'escroqueries ou de chantages dont il se serait rendu coupable envers le baron de Reinach.

Que M. Cornélius Herz ait ou non détourné des sommes plus ou moins considérables, de complicité avec celui-ci ou avec celui-là, au préjudice de la Compagnie de Panama, cela ne fait rien et ne touche en rien à la question de savoir s'il a commis ou non des tentatives de chantage vis-à-vis du baron de Reinach. Ce ne sont pas les mêmes faits envisagés au même point de vue, la contrariété de jugements n'est pas à redouter, et, de ce chef encore, la règle de l'article 3 du Code d'instruction criminelle ne peut pas constituer une fin de non-recevoir à la demande introduite devant vous par M. Imbert.

Enfin, Messieurs, et ainsi que je l'ai indiqué déjà pour les autres fins de non-recevoir dont je viens de parler, l'argument par lequel elles peuvent être repoussées toutes, c'est le caractère même de l'action que nous avons introduite devant vous. Nous avons dit, et nous répétons, que cette action constitue une mesure provisoire et conservatoire, qu'elle rentre par cela même dans les pouvoirs d'un administrateur comme M. Imbert, n'eût-il pas, ce qu'il a incontestablement, le droit de poursuivre seul les débiteurs de la succession. C'est un acte conservatoire qui peut être fait par lui en dépit de la règle — quand même il y aurait lieu dans l'espèce à son application — *unâ viâ electâ...* c'est un acte conservatoire, et en conséquence l'article 3 du Code d'instruction criminelle ne saurait lui être applicable.

Lorsque, en effet, nous avons demandé au Tribunal de déclarer que les immeubles achetés en 1889 (je prends la date moyenne) par Mme Cornélius Herz étaient bien la propriété de M. Cornélius Herz, et que cette acquisition avait été simulée, avons-nous fait autre chose que de demander au Tribunal une mesure conservatoire ?

Je vous ai dit, Messieurs, et je me figure que je l'ai assez établi pour ne pas avoir besoin d'y revenir, que même l'action de l'article 1167 du Code civil, dont on vous parlait encore tout à l'heure, était considérée par la doctrine et la jurisprudence comme une mesure conservatoire, et que, par ce motif, on enseignait et l'on décidait que cette action appartenait aux créanciers à terme, même aux créanciers conditionnels.

Mais je vous ai dit aussi, et je ne fais que l'énoncer à nouveau, que l'action en déclaration de simulation, qui est celle que nous avons portée devant le Tribunal, s'exerce sur un terrain bien plus vaste et plus étendu que celui de l'article 1167. Un moment, je l'avoue, j'ai craint d'avoir fait dans ma plaidoirie une trop grande place à cette démonstration; mon adversaire a gracieusement pris le soin de me rassurer en me disant qu'il avait eu quelque plaisir à l'entendre. Je l'en remercie, mais je lui déclare qu'il ne me doit plus rien, car j'ai eu plus de plaisir encore à voir avec quelle désinvolture il s'est dérobé à la discussion de ce point de droit, sur lequel je m'étais peut-être un peu trop étendu.

Il nous a concédé, en effet (cela se trouve à la page 22 de la sténographie de sa plaidoirie), qu'il suffit, pour exercer notre action, d'être un créancier *à terme* ou *conditionnel, éventuel* ou *présomptif*. Il est impossible, de reconnaître plus absolument que cette action ne constitue à aucun degré une mesure d'exécution, mais qu'elle est simplement une mesure conservatoire.

Il est vrai qu'après nous avoir fait cette concession, mon honorable adversaire a essayé de la retirer en disant qu'il y avait là, en définitive, une question de propriété, et en reprochant à M. Imbert de vouloir vous inciter à trancher cette question, la plus grave de toutes, en agitant devant vous le spectre de la fraude.

Ah! le spectre de la fraude! Je comprends bien la terreur qu'il cause à M. Cornélius Herz! C'est la fraude en effet qui nous autorise à agir et qui le condamne! C'est parce qu'il y a une fraude, qu'il n'y a pas de déguisement sous lequel elle ne puisse être déjouée par vous. Et si la fraude consiste, comme dans l'espèce, en une translation ou une attribution de propriété, elle n'en doit pas moins être atteinte, de quelque importance que puisse être la solution d'une question de cette nature. C'est ce que dit toute la doctrine, et je ne vous rappelle à

ce sujet qu'un court passage, que je vous ai déjà lu, de
M. Demolombe :

**La fraude fait exception à toutes les règles, et quand une
fraude est commise actuellement au préjudice d'une personne,
c'est le droit incontestable de la légitime défense pour celle-ci
d'agir aussi dès actuellement pour démasquer cette fraude et
pour la rendre impuissante.**

Or, pour rendre la fraude impuissante, nous ne
pouvons pas, quelque respect que nous ayons pour
Mme Cornélius Herz, nous en rapporter aux bonnes inten-
tions qu'on lui attribuait tout à l'heure. Mme Cornélius
Herz n'a point éprouvé jusqu'ici le désir de vendre, elle
ne l'a point essayé, c'est bien ; mais deux sûretés, en
pareille matière, surtout lorsqu'on est l'administrateur
d'une succession insolvable, deux sûretés, dis-je, valent
mieux qu'une; et personne, j'en suis sûr, ne fera un
reproche à M. Imbert d'avoir voulu prendre le plus de
sûretés possible, dans l'intérêt de l'actif de la succession dont il doit compte aux créanciers du baron de
Reinach.

Quant à la fraude elle-même, il me paraît difficile qu'en
fait elle soit véritablement contestée. Fraude ou simulation... disons, si vous le voulez, simulation frauduleuse,
il m'a bien semblé que, quand on en avait parlé à votre
avant-dernière audience, ç'avait été avec une certaine
réserve et presque du bout des lèvres. C'est que les faits
parlent tellement d'eux-mêmes !

On a bien essayé de vous dire que M. Cornélius Herz, au
moment où il achetait au nom de sa femme les immeubles
de la rue de la Faisanderie et de l'avenue Henri-Martin,
faisait, en bon père de famille, deux parts de sa fortune;
l'une pour lui-même, l'autre pour sa femme et ses
enfants, celle-ci constituant une réserve, le « home », sui-

vant l'expression de Mᵉ Clunet, la poire pour la soif, comme on dit plus vulgairement chez nous. La réserve était honnête, du moins dans sa quotité, 1,800,000 francs ! Et encore en admettant que les prix d'acquisition portés aux contrats soient les prix véritables, et qu'il n'y ait pas eu là quelques centaines de mille francs versées en supplément dans la caisse de quelqu'un des vendeurs... ou ailleurs !

On vous a apporté de cela, ou l'on avait la prétention de vous apporter, une preuve, en vous disant que M. Cornélius Herz opérait très ouvertement, et qu'en même temps qu'il achetait pour Mᵐᵉ Cornélius Herz les immeubles que vous savez, il achetait pour lui-même une villa qu'on appelle la villa Marguerite, à Tréserves, et la maison, 31, boulevard des Italiens, au coin de la rue de la Michodière — on précisait —, d'une valeur de 775,000 francs.

Ignorance de mon confrère ou bien oubli de sa part ! Il ne vous a pas dit tout d'abord que sur le prix de cet immeuble, on n'avait pas payé un sou !

Mᵉ CLUNET. — A cause de vous !

Mᵉ BOUCHEZ. — A cause de moi, je veux dire de Mᵉ Imbert ? Nous allons voir si c'est exact, et je ne suis pas fâché de votre interruption.

On a bien compris, en effet, que cela demandait une explication et alors, sous le prétexte d'indiquer gracieusement à M. Imbert quelques actes d'exécution auxquels il aurait pu se livrer, on lui a dit : Mais vous auriez bien pu saisir la villa de Tréserves, et vous auriez pu aussi, « avec un peu moins d'intérêt, je le reconnais » — ce sont les expressions de mon contradicteur — saisir l'immeuble du boulevard des Italiens !

Avec moins d'intérêt, a-t-il ajouté, parce que je suis obligé

de reconnaître aussi que cet immeuble n'est pas payé, et il n'est pas payé parce que la première échéance venait en mars **1893** et que, grâce aux mesures prises par **M. Imbert ès nom, toutes les disponibilités du docteur Herz ont été arrêtées.**

Mais je le nie, Messieurs! aucune des disponibilités, quelle qu'elle soit, du docteur Cornélius Herz, n'a été **arrêtée** par nous, parce que nous n'avons pu en arrêter **aucune**; et je vous déclare que je trouve la défaite absolument médiocre.

M. Imbert n'a rien arrêté ni des revenus, ni des capitaux du docteur Cornélius Herz. Celui-ci n'est pas, que nous sachions, dans la misère; il occupe, paraît-il, à Bournemouth, pour lui seul, tout un hôtel, et nous ne voyons pas qu'il y ait jamais regardé quand il s'agissait des soins quelconques de sa santé, de son bien-être ou de sa sécurité; il vit incontestablement dans une grande et large aisance. Que mon adversaire veuille donc m'indiquer en quoi les mesures prises par M. Imbert ont diminué d'un sou les ressources de son riche client; à moins que M. Cornélius Herz ne nous dise qu'il avait l'intention de payer les **775,000** francs, prix de la maison du boulevard des Italiens, en revendant les immeubles de Mme Cornélius Herz. Mais il se mettrait par trop en contradiction avec lui-même, car alors ces immeubles ne constitueraient plus **la réserve** dont on vous parlait en son nom.

Les disponibilités de M. Cornélius Herz n'ont donc jamais cessé d'être complètes et absolues. Or, sur le prix de la maison boulevard des Italiens, 190,000 francs devaient être payés en 1893; ils ne l'ont pas été et, si je suis bien renseigné, M. Cornélius Herz laisse tranquillement poursuivre contre lui la revente sur saisie immobilière de la maison dont il s'agit. C'est la continuation du système de fraude que nous signalons au Tribunal : on

achète pour Mme Herz et on paye; on achète pour soi-
même et l'on se garde bien de payer. Le Tribunal le
retiendra, et je suis convaincu que cela pèse pour quelque
chose dans l'opinion qu'il se fait dès maintenant des procédés et des précautions qui sont dans les habitudes de
M. Cornélius Herz.

Quant au reproche qu'on faisait à M. Imbert, puisqu'il est, dit-on, si sûr de sa qualité de créancier, de
n'avoir point assigné M. Cornélius Herz en paiement de
sommes plus ou moins considérables, il m'est trop facile
en vérité de le retourner à mon honorable adversaire.
M. Cornélius Herz ne se dit-il pas, de son côté, le créancier de la succession de Reinach? Il a fait un compte
d'après lequel il le serait d'environ 350 à 400,000 francs.
Or, bien qu'il ne paraisse pas avoir l'habitude de faire
grâce à ses débiteurs, je ne sache pas qu'il se soit présenté
à la liquidation, et qu'il ait adressé à M. Imbert aucune
réclamation.

Et puis, comment donc un reproche de cette nature
peut-il se concilier avec les fins de non-recevoir qu'on
nous oppose? On nous dit que nous ne sommes pas recevables même à demander au Tribunal des mesures conservatoires, et l'on nous reproche de ne lui avoir pas demandé
davantage, c'est-à-dire de n'avoir pas précisé le montant
de notre dette et demandé que le docteur Herz fût, dès
maintenant, condamné à le payer. Il faudrait pourtant,
ce me semble, se mettre un peu d'accord avec soi-même.

La vérité, Messieurs, c'est que l'honorable M. Imbert,
ayant découvert la fraude dont nous nous plaignons, a
couru immédiatement au plus pressé; il a fait le nécessaire,
et il n'a fait que cela, pour ne pas laisser disparaitre ce
qu'il considère avec raison comme le gage de la succession. Et je suis bien sûr que le Tribunal, sous les yeux

et sous le contrôle de qui il est placé, n'hésitera pas à rendre justice au zèle en même temps qu'à la circouspection dont il n'a cessé de faire preuve dans toute cette affaire.

Mais que nos adversaires se rassurent, nous faisons, comme on l'a dit de l'autre côté de la barre, et nous disons une chose à la fois ; le reste, c'est-à-dire notre réclamation définitive, viendra plus tard et en son temps.

Et maintenant, les fins de non-recevoir étant écartées d'une part, le caractère de l'action que nous avons intentée devant le Tribunal ayant été de nouveau bien précisé d'autre part, la fraude, c'est-à-dire la simulation, me paraissant indiscutable, il reste une question, en réalité la seule question du procès, que je vais discuter le plus rapidement possible : la succession de Reinach apparait-elle suffisamment comme créancière. « Suffisamment », c'est-à-dire, suivant une doctrine sur laquelle nous sommes d'accord, comme créancière à terme ou conditionnelle, éventuelle ou présumée de M. le docteur Cornélius Herz ?

Ici, Messieurs, je dois dire au Tribunal que cette affaire a été, pour les honorables confrères qui sont assis à mes côtés, comme pour moi-même, assez fertile en surprises. Bien que l'instance introduite par nous, et sur laquelle nous plaidons aujourd'hui, remonte à près d'une année — vous avez retenu la date : 27 janvier 1893, — bien que j'aie tout d'abord, il y a déjà plus d'un mois, communiqué à mon honorable adversaire un certain nombre de pièces que je n'ai pas cru devoir mettre au débat, je n'avais reçu de lui, lorsque j'ai eu l'honneur de me présenter devant vous, aucune communication sous aucune forme. Il n'y a d'ailleurs pas là de ma part l'ombre d'un reproche ; c'est une simple explication que je veux fournir au Tribunal. J'avais donc le droit de penser ainsi que mon adversaire l'a dit lui-même, que « l'heure des explications définitives n'avait point sonné », et que je devais m'en tenir, pour le moment, dans les termes de ma demande, à établir que j'apparaissais suffisamment comme créancier, pour que le Tribunal, à ma requête, ordonnât la mesure que je sollicite de lui. D'où je concluais que ce n'était pas à moi qu'il appartenait de jeter dans le débat des engagements, des quittances, des décharges dont j'avais bien la trace, mais dont j'entendais et dont j'entends encore contester la valeur. J'attendais que ces documents me fussent opposés, s'ils devaient l'être, et, ainsi que j'avais l'honneur de le dire au Tribunal, sous aucune forme, ni sous la forme de réalité, c'est-à-dire d'originaux, ni sous la forme « d'images », je n'avais reçu, avant l'audience d'il y a trois semaines, aucune espèce de communication.

Je devais encore être d'autant plus circonspect que je plaide pour un administrateur provisoire, pour l'administrateur provisoire de la succession de Reinach, et que nous n'avons, ni lui, ni moi, personne qui puisse nous éclairer ni sur la disparition de certains documents qui n'ont pas été retrouvés, ni sur la valeur et l'interprétation de ceux qui existent — et encore, dont la plupart ont été remis à la justice ou saisis par elle, après avoir à peine passé par les mains de mon client.

J'ajoute que ma circonspection était d'autant plus commandée, qu'en ce qui concerne quelques-uns de ces documents, notamment les copies de lettres de M. de Reinach, ils apparaissaient, du moins il y a quelque temps, comme devant être plus ou moins suspectés par mes adversaires. Le docteur Cornélius Herz était certainement de ceux — je ne me suis pas trompé — pour le compte de qui j'avais entendu murmurer que le baron de Reinach aurait bien été capable d'y insérer des lettres qu'il n'aurait poin écrites, qu'en conséquence ces livres ne présentaient qu'un caractère très relatif de sincérité. Je suis bien tranquille maintenant sur ce point, et j'en tirerai tout à l'heure devant vous quelques conséquences. En attendant, l'on voudra bien convenir avec moi que c'était plus qu'il n'en fallait pour justifier la réserve dont vous avez pu voir qu'était faite la première plaidoirie que j'ai eu l'honneur de prononcer devant vous.

Mais nous avions compté, mon honorable adversaire et moi, sans les deux défenseurs auxiliaires qui n'ont pas tardé à être recrutés par M. Cornélius Herz : je veux parler des deux journaux dont le nom a été prononcé à votre dernière audience, l'*Intransigeant* et le *Figaro*. Mon adversaire n'a pas été plus surpris que moi, mais certainement il a été bien plus désappointé, quand il a trouvé dans ces journaux deux de ces précieuses « images » qu'il ne possédait pas encore ; car je suis bien sûr que, s'il les avait eues, ce n'est ni du *Figaro* ni de l'*Intransigeant*, mais de lui-même que j'en aurais tenu la communication.

C'est tout ce que j'ai à dire là-dessus, mon adversaire croyant, puisqu'il le dit, que son client est étranger aux commentaires, — mais aux commentaires seulement, vous l'avez bien compris, — dont ces reproductions ont été accompagnées, surtout dans l'un des deux journaux dont il s'agit.

Ces reproductions, publiées le 1ᵉʳ janvier — elles avaient été promises, dès la veille, à quelques-uns pour leurs étrennes, — étaient celles d'une lettre du 4 juin 1888 et d'une reconnaissance du 18 juillet 1889 ; depuis, mon adversaire y a joint, la fameuse liste *au trou*, comme on l'appelle, une lettre signée « de Reinach » du 15 juillet 1889, et une autre du 18 juillet 1889.

Je suis d'autant plus embarrassé de parler de ces pièces, c'est-à-dire de ces photographies, de ces « images », que j'ai reçu hier soir des conclusions par lesquelles on déclarait en retirer la production. Il faut pourtant que je m'en explique.

Pour s'excuser de cette production bizarre, on avait dit qu'il était impossible qu'elle fût autre, qu'on était poursuivi au criminel, appelé d'un jour à l'autre à se présenter en Angleterre devant le juge des extraditions — il y a un an que cela dure ! — et que l'on devait tout d'abord à ce juge-là ces documents, à qui personne n'oserait, dans une situation semblable à celle du docteur Cornélius Herz, faire traverser les flots mouvants du Pas-de-Calais. J'avais cru jusqu'ici, Messieurs, qu'on se devait tout d'abord aux juges devant lesquels on plaide. Ces documents, pour vous être représentés, n'auraient pas été perdus, ni en péril de l'être ; et j'avoue ne pas encore bien comprendre comment cette réserve, en faveur des juges anglais devant lesquels on ne comparaît pas, est conciliable avec la confiance et la déférence qu'on doit aux juges français, surtout quand on est étranger, comme M. Cornélius Herz, et qu'on a l'honneur de plaider devant eux.

Mais cela ne regarde que le Tribunal et sur ce point encore, je n'en dis pas davantage.

Mais l'on nous disait, à nous, — et à cela j'ai à cœur de répondre : — Vous-mêmes, vous ne produisez pas de documents originaux, vous ne produisez que des images ou des copies, ou même, à l'occasion, des extraits de journaux, et nous sommes à deux de jeu.

Non ! je ne l'entends pas ainsi, nous ne sommes pas à deux de jeu...

Mᵉ Cluxet. — A cinq de jeu.

Mᵉ Bouchez. — Je ne comprends pas!... Je ne déteste pas les interruptions, mais j'aime assez qu'elles soient claires.

Je disais, Messieurs, que je proteste parce que nous avons communiqué, nous, tout ce que nous avions, et j'ajoute qu'avant de le communiquer, nous avons fait mieux : il n'y a pas, en effet, un document, trouvé lors de l'inventaire auquel il a été procédé après l'ouverture de la succession de Reinach, qui n'ait été remis par l'administrateur provisoire, soit à la Commission d'enquête, soit à la justice, et qui ne soit définitivement resté entre leurs mains. Nous ne sommes donc pas suspects de rien cacher. Lorsque j'ai eu les documents originaux, je les ai communiqués; lorsque les documents originaux se sont trouvés entre les mains de la justice, j'ai communiqué les copies que je pouvais en avoir, et quand elles me faisaient défaut, je me suis efforcé de me les procurer, pour donner satisfaction à mon Confrère. C'est seulement lorsqu'il s'est agi de documents que personne ne peut avoir, parce que ce sont des documents officiels ou publics, comme la lettre écrite à la Commission d'enquête ou le décret de radiation de la Légion d'honneur, que je les ai pris là où ils se trouvent, et ils se trouvent partout.

Voilà ce que j'ai fait; mais, je le répète, j'ai communiqué dès le début tout ce que j'avais, tout ce dont j'entendais me servir, et même un certain nombre de documents dont je ne me suis pas encore servi. J'aurai l'occasion tout à l'heure d'en faire passer quelques-uns sous les yeux du Tribunal.

Donc, que cela soit bien entendu, nous ne sommes ni à deux, ni à cinq de jeu ; notre situation est absolument différente.

Quant à ces documents eux-mêmes — les images produites et retirées — le Tribunal en fera ce que bon lui semblera...

M. le Président. — Le Tribunal ne peut rien en faire.

M⁰ Bouchez. — Cela m'est tout à fait indifférent, mais moi, j'en veux faire quelque chose ; c'est-à-dire qu'il me convient mieux, si le Tribunal veut bien me le permettre, de raisonner dans l'hypothèse où ces documents ne seraient, au point de vue de leur matérialité, l'objet d'aucune contestation.

Quant à ceux qui n'ont été qu'indiqués, je demande la permission de distinguer ceux que je ne connais pas du tout de ceux dont j'ai tout au moins la trace. Ainsi, il vous a été parlé de lettres des 14 et 16 juin 1886, et de décembre 1886, les lettres qui — pour vous le rappeler d'un mot — contenaient un prétendu réglement de compte qui aurait constitué le baron de Reinach débiteur de sept millions. Ces lettres, non seulement on ne vous les a pas apportées en original, mais on ne vous les a pas produites, *même en images ;* je ne les ai trouvées nulle part, je ne les connais pas. Vous me dispenserez sans doute d'en parler davantage.

J'ajoute d'ailleurs, Messieurs, qu'à mon avis, il n'y a pas lieu de vous en préoccuper autrement, et cela, parce qu'il ne s'agit pas ici d'un réglement de compte définitif entre M. Cornélius Herz et le baron de Reinach, ou sa succession. Oh ! s'il s'agissait d'un pareil règlement, ce serait autre chose et, — permettez-moi de vous le dire — ce ne serait pas sans peine ni sans difficulté que vous pourriez arriver à la solution. Pour cela, il vous faudrait certaine-

ment commettre un expert très sérieux et très habile
— et quand je dis « un », il est probable que je ne dis pas
assez, — à qui vous confieriez la mission de tout examiner
et de tout vérifier. Alors, ce ne sont pas seulement les
documents dont il vous a été parlé, mais ce sont bien
d'autres encore, qu'il faudrait combiner et rapprocher.
Et, comme nous avons eu le malheur de ne pas retrouver, parmi les papiers du baron de Reinach, la correspondance de M. le docteur Cornélius Herz, l'une des
premières choses qui lui seraient à coup sûr demandées
par cet expert, ce serait qu'il voulût bien lui remettre
ses livres de commerce ; car il n'est pas possible qu'il
n'en ait pas. Que de choses intéressantes on y décou-
vrirait. Ou, s'il ne faisait pas cette remise, quel parti
singulier l'expert et les plaideurs tireraient de son
refus !

Mais, encore une fois, ce n'est pas de cela qu'il s'agit
ici.

En attendant, et en ce qui concerne les pièces indiquées,
de l'existence desquelles nous avons le témoignage, nous les
produisons nous-mêmes. Et, puisque l'on a porté la discussion sur un terrain sur lequel je ne pensais pas qu'elle
dût s'aventurer, je suis autant que possible mon honorable adversaire sur ce terrain même. J'invite donc le Tribunal à se faire représenter les registres de copies de lettres
de M. le baron de Reinach qui sont, soit entre les mains de
M. le Juge d'instruction, soit au parquet de M. le Procureur général. Ce sont des registres très régulièrement
tenus : je crois pouvoir affirmer au Tribunal qu'aucune
feuille n'y manque, et qu'ils présentent tous les caractères
de sincérité que des juges, dans la situation où vous vous
trouvez, peuvent demander à des livres de cette nature.

Ah ! ils ne contiennent pas la copie de certains reçus

ou de certains engagements sur timbre dont parlait à votre dernière audience mon honorable adversaire... Vous entendez bien que les livres de copies de lettres, et nous n'avons que cela, ne sont pas faits pour contenir la trace de documents semblables. Ils contiennent la copie des correspondances, et lorsque des engagements ont été pris par correspondance, la copie de ces engagements ; mais, s'il s'agit d'engagements pris sous une autre forme, incontestablement vous ne les trouverez pas aux copies de lettres, et c'est ainsi que vous n'y trouveriez pas notamment un certain engagement de payer deux millions, qui porte la date du 18 juillet 1889. Rien n'est plus naturel, rien n'est plus correct, et il n'en reste pas moins que ces registres paraissent très régulièrement tenus et tout à fait complets.

Et maintenant, je vous demande la permission de tirer de l'appel qui y a été fait si vigoureusement, si fréquemment et si éloquemment par mon honorable adversaire, la conclusion que je vous annonçais tout à l'heure ; elle est contenue dans l'article 1330 du Code civil :

Article 1330. — Les livres des marchands font preuve contre eux ; mais celui qui en veut tirer avantage ne peut les diviser en ce qu'ils contiennent de contraire à sa prétention.

M. Cornélius Herz a voulu, j'imagine, assez tirer avantage des registres de copies de lettres du baron de Reinach pour que j'aie le droit d'en prendre acte et pour le présent et pour l'avenir. En conséquence, c'est avec le registre des copies de lettres de M. de Reinach qui est et qui sera au débat, c'est avec cela dans son intégralité, et à la clarté des documents qui y sont contenus, que nous allons, si vous le voulez bien, discuter la prétention qu'a émise à votre dernière audience M. Cornélius Herz de n'être à aucun titre le débiteur de M. le baron de Reinach.

Je suis arrivé à la dernière démonstration que j'aie à faire — ou à refaire et je lui en demande pardon — devant le Tribunal, à savoir : que la succession de Reinach est ou paraît suffisamment créancière de M. Cornélius Herz, pour que son administrateur provisoire ait eu le droit de solliciter de vous la mesure que vous savez.

Vous vous souvenez, Messieurs, que, sur le point de savoir en quoi consistait la créance de la succession de Reinach contre M. Cornélius Herz, je vous avais parlé tout d'abord d'un cautionnement de 469,000 francs (c'est, je crois, le chiffre exact de la somme déboursée par le baron de Reinach) au sujet d'une créance Schwob dont M. Cornélius Herz était le débiteur. Sur ce point, on a soutenu devant vous qu'il n'y avait pas eu là un cautionnement véritable, mais purement et simplement une anticipation du terme auquel M. le baron de Reinach devait payer dès lors à M. Cornélius Herz une somme de sept millions, ainsi que cela avait été convenu par les lettres de 1886, lettres dont je viens aussi de vous rappeler que je n'en avais aucune trace et que je ne les connaissais pas. Mais on vous a dit qu'à cette époque de 1886, et depuis longtemps, le baron de Reinach et M. Cornélius Herz étaient mêlés ensemble à un grand nombre d'affaires, et qu'entre eux, il était intervenu un réglement qui fixait à la somme de sept millions ce dont le premier était redevable, à cette époque, envers le second.

C'est, sans doute, pour établir l'existence de ce grand nombre d'affaires communes à M. Cornélius Herz et au baron de Reinach et dont on vous a fait, à votre dernière audience, une longue énumération, que je recevais hier soir et ce matin d'assez volumineuses communications de mon confrère; car il n'y a rien de perdu dans cette affaire, et en fait de communications, quand on retire les unes, on avance les autres.

Qu'il y ait eu des affaires entre M. Cornélius Herz et le baron de Reinach, je ne l'ai jamais nié; il y a eu certainement entre eux des affaires multiples et plus ou moins considérables. Ce n'est pas moi qui aurais plaidé que les millions, qui ont passé par les mains de l'un et qui sont entre les mains de l'autre, n'aient été que le produit de « longues années d'études, de labeur et de travaux continus », comme disait mon honorable adversaire; et ce n'est pas moi non plus qui soutiendrai que dans toutes ces affaires, il n'y a pas eu de la part de ces deux hommes des stipulations ou des promesses plus ou moins équivoques ou répréhensibles, et des compromissions regrettables.

Mais tout cela n'est pas le procès; ce qu'il importe uniquement, c'est de vous démontrer que ce qui vous a été dit, au nom de M. Cornélius Herz, de ces affaires communes et de leurs résultats, n'est pas exact et ne correspond à rien.

J'en ai la preuve, dans ce seul fait que, depuis plus d'un an, l'administrateur de la succession de Reinach réclame des comptes à M. Cornélius Herz, qu'il les lui réclame précisément à raison de cette circonstance qu'il y a eu entre le baron de Reinach et M. Cornélius Herz un grand nombre d'affaires qui ont dû donner lieu à des règlements divers; et que M. Cornélius Herz, en possession de ses facultés tout entières et de tous les documents qui peuvent lui être utiles, s'obstine à ne rien répondre.

Ces affaires, nous dit-on, ces participations, elles auraient été réglées, d'un trait de plume, d'abord à sept millions, puis à dix millions à revenir à M. Cornélius Herz. Mais alors nous demandons qu'on veuille bien nous fournir quelques détails un peu précis, notamment sur les conventions en vertu desquelles il aurait été procédé à ces réglements, sur la période antérieure qu'ils embrassent, sur la proportion pour laquelle y entre chacune des affaires auxquelles ils s'appliquent. Et nous demandons encore comment il se fait que, grâce à toutes ces affaires communes, dans lesquelles le baron de Reinach était l'associé de M. Cornélius Herz, celui-ci s'est trouvé un jour créancier de sept millions, et plus tard de dix millions de francs, tandis que celui-là s'est trouvé ruiné. Car enfin, s'ils faisaient des affaires communes, le bénéfice devait être le même pour l'un et pour l'autre, et il est impossible de comprendre et de s'expliquer comment la fortune de l'un paraît s'être précisément augmentée de tout ce dont a diminué la fortune de l'autre !

Mais je vais vous montrer que ce n'est point ainsi que les choses se sont passées.

M. de Reinach et M. Cornélius Herz paraissent s'être connus à une époque éloignée, et, à cette époque, pas plus qu'en 1887, M. Cornélius Herz n'était, tant s'en faut, un homme à son aise : c'était un inventeur ou un courtier d'affaires, qui courait après la fortune et qui n'y est arrivé que beaucoup plus tard. Voici, à ce sujet, une lettre, que j'ai communiquée à mon adversaire et qui est extraite du copie de lettres de 1880 :

Monsieur le docteur Herz, à Orléans,

Je reçois votre lettre d'hier; je vois avec plaisir que vos expériences marchent bien Comme vous désirez que je vous fasse un prêt, je vous adresse ci-inclus deux mille francs en billets de banque.....

DE REINACH.

Deux mille francs! Vous voyez comme c'est modeste, c'est presque une aumône !

Quelques années après, en 1885, le baron de Reinach écrit à M. le docteur Herz :

Mon cher docteur,

M. de Lesseps ne pouvant vous faire l'avance que vous lui demandez, je vous remets ci-inclus, à titre de prêt, 200,000 fr., que vous me rendrez dans le courant de six mois.

Bien à vous.   **DE REINACH.**

Donc, ni en 1880, ni en 1885, ni sans doute dans l'intervalle, M. le docteur Herz n'avait d'argent; il était obligé de recourir à la bourse de ses protecteurs ou de ses amis. Nous en avons encore le témoignage irréfutable dans un document — authentique, celui-là, — que j'ai communiqué, dès avant toutes plaidoiries, à mon honorable adversaire. C'est un extrait de l'inventaire dressé après le décès de M. le baron de Reinach, qui contient l'énumération et la transcription de tous les chèques créés en 1886 par la maison Kohn Reinach et Cie au profit de M. Cornélius Herz, acquittés par lui, et, en conséquence, le constituant débiteur envers ladite maison de sommes considérables.

Mais on insiste et l'on dit : A cette époque du cautionnement Schwob, en 1887, M. Cornélius Herz était créancier, mais créancier à terme, du baron de Reinach, lequel n'aimait pas à déplacer son argent, encore moins à s'en séparer définitivement. Qui a terme ne doit rien, disait-il à son créancier, et celui-ci était bien embarrassé quand il lui fallait tirer de sa caisse 500.000 francs, ce qui, tout le monde le sait, n'est point à la portée du premier venu.

Allons donc! ne vous souvenez-vous pas qu'en même temps on vous disait que la fortune, la situation de banque, la signature, le crédit du baron de Reinach valaient 200 millions? Et c'est un homme, créancier à terme du baron de Reinach pour 7 millions, qui aurait, à deux reprises, laissé saisir son mobilier dans les circonstances où l'a fait M. Cornélius Herz! Et c'est lui, créancier, qui aurait écrit à son débiteur la lettre, que j'ai dès longtemps aussi communiquée à mon honorable adversaire, du 27 avril 1887, pour solliciter son intervention dans ces termes :

Je viens vous prier de garantir à M. Schwob le paiement des 150,000 francs que je lui dois payer comme suit...... vous promettant que si vous devez rendre votre garantie effective, c'est-à-dire si vous devez payer tout ou partie de ladite somme à ma place, de vous la rembourser dans le plus bref délai, en tout cas avant la fin de l'année courante.

Bien à vous.
CORNÉLIUS HERZ.

Celui qui a écrit cette lettre en avril 1887 aurait été, depuis le mois de juin 1886, en vertu d'un réglement quelconque, le créancier sérieux pour sept millions de celui à qui il l'adresse! Vous ne le croirez jamais.

Ainsi, ce que l'on vous a dit de ce prétendu réglement de 1886 n'est pas exact. Si quelque chose est intervenu alors, et nous y reviendrons tout à l'heure, ce n'était point un réglement pour des affaires antérieures, c'était quelque promesse vague et sous condition, se rattachant à une autre affaire dont il faudra bien pourtant parler à la fin, une promesse qui n'était pas ferme et qui n'assurait définitivement rien à M. Cornélius Herz. A cette époque, je le répète, il était sans ressources, et c'est bien à titre de caution que M. le baron de Reinach a remboursé à M. Schwob les 469,000 francs dont j'ai parlé; c'est si bien à titre de caution, que M. Schwob lui a soigneusement conservé son recours contre le débiteur principal, dans les termes de quittances que j'ai eu l'honneur de faire passer sous vos yeux et qui contiennent une subrogation expresse. Et c'est bien pour cela que les titres que nous représentons ne sont jamais définitivement retournés entre les mains de M. Cornélius Herz.

Ainsi, de tout cela, je retiens avant tout que les affaires traitées en commun, si compliquées, si nombreuses, si fructueuses qu'elles aient été, n'avaient, en 1886, amené aucun résultat utile et heureux pour M. Cornélius Herz, que celui-ci était dans le besoin, et qu'il recourait, dans les termes que je viens de vous rappeler, à l'intervention et au cautionnement que, gracieusement, le baron de Reinach voulait bien lui fournir.

A l'appui de ce que je soutiens sur ce point, je vous signale encore, en passant, une lettre qui fait partie de celles que l'on m'a communiquées ce matin, et que j'ai eu à peine le temps d'entrevoir. Comme elle se trouvait au-dessus des autres, écrite en anglais et traduite au crayon, elle a attiré mon attention, et vous allez voir qu'elle constitue, à elle seule, un démenti à ce que l'on vous disait que les affaires ne se réglaient pas au fur et à mesure entre M. Cornélius Herz et le baron de Reinach :

3 avril 1886 (c'est antérieur au prétendu réglement de juin de la même année).

Mon cher Docteur,

Je vous félicite de votre nomination de grand officier.

Entre parenthèses, c'est bien un peu sec.

Vous trouverez inclus, pour l'affaire Chemins de fer, un chèque de 50,000 francs ; je n'ai pas davantage aujourd'hui. Vous recevrez le reste lundi ou mardi. Sincèrement.

Votre ami,   **REINACH.**

Cela se comprend : M. Cornélius Herz avait besoin d'argent; quand 50,000 francs lui revenaient, le baron de Reinach s'empressait de les lui payer. Il n'est donc pas vrai que le réglement de 1886 soit le réglement d'un compte arriéré, d'un compte qui n'avait pas été réglé depuis longtemps, pour les affaires multiples dans lesquelles ces deux hommes avaient été plus ou moins associés.

Mais, vous a-t-on dit, et c'est l'argument qu'on donne comme décisif, cette dette Schwob de 469 ou 500,000 fr., de même que toutes les autres, a été éteinte par compensation en 1888. En 1886, il y avait eu un réglement qui constituait le docteur Herz créancier de sept millions — ce réglement, je le répète encore, je ne le connais pas — mais, en 1888, il y a eu un autre réglement qui l'a constitué définitivement créancier de dix millions. En deux années, la somme s'était augmentée de trois millions : Si le docteur Cornélius Herz travaillait, ce n'était pas surtout pour la gloire.

Eh bien! nous allons voir maintenant ce que c'est que ce nouveau réglement. On vous a dit et répété que la trace s'en trouvait dans les registres de copie de lettres de M. le baron de Reinach aux dates des 9 et 11 mai 1888, mais on ne vous a pas lu — je me figure qu'on n'a pas osé — ces lettres des 9 et 11 mai 1888. On vous a seulement apporté une lettre du 4 juillet 1888 et une reconnaissance du 17 juillet 1889 : ce sont les pièces qui m'ont été communiquées par les défenseurs auxiliaires dont je parlais tout à l'heure. Il m'a paru que c'était là véritablement le point culminant et le dernier mot de la plaidoierie de mon honorable adversaire; ce sera aussi le point culminant et le dernier mot de la réponse que j'ai à lui adresser.

Ah! Messieurs, vous vous souvenez, comme moi, de ce que M⁰ Clunet vous disait à votre dernière audience, des longs entretiens qu'il avait eus à Bournemouth avec son client. En l'écoutant, je ne pouvais m'empêcher de penser à part moi, qu'il eût été bien instructif et, comme on dit aujourd'hui, bien suggestif de pouvoir y assister ; car ils ne devaient pas rouler seulement, comme on vous le disait, sur « la difficulté des expériences scientifiques et sur ce qu'il en coûte pour lancer des inventions nouvelles ». J'imagine qu'il y était bien quelque peu question des procédés par lesquels on s'attache « le cœur plus ou moins fidèle des hommes d'Etat » et, sans doute aussi, des circonstances qui précèdent ou qui accompagnent la disparition subite et mystérieuse des grands financiers.

Quoi qu'il en soit, ces entretiens n'ont point encore été assez longs ; car il faut croire, puisqu'il n'en a point été question devant vous, que le docteur Cornélius Herz n'a point prononcé, devant mon honorable adverversaire, le nom de *Panama*.

Il y avait pourtant de graves raisons pour que ce nom vînt à ses lèvres ; en effet, l'engagement, pris par le baron de Reinach le 9 mai 1888, de faire toucher au docteur Cornélius Herz une somme de dix millions, cet engagement n'a aucun rapport avec des affaires antérieures et de prétendus bénéfices réalisés sur ces affaires ; il a pour cause unique et véritable l'*Affaire de Panama*.

C'est ce que l'on paraît ignorer de l'autre côté de la barre, et c'est ce qu'il me reste à vous démontrer.

Il y avait eu en 1886 un projet d'emprunt à lots pour la Compagnie de Panama, et c'est vraisemblablement à ce projet que se rapporte le prétendu réglement à sept millions dont on a parlé et dont je n'ai pas connaissance. En 1888, il y a un nouveau projet semblable que tout le monde connaît et il faut absolument que ce nouveau projet aboutisse, c'est pour la Compagnie de Panama une question de vie ou de mort. Alors il faut s'assurer tous les concours et, en particulier, le concours de M. le docteur Herz. Pourquoi? Ah! Messieurs, vous me dispenserez de vous le dire, lorsque je vous aurai franchement avoué que je n'ai jamais pu le découvrir exactement; il suffit, à ma démonstration, que cela soit, et vous allez voir que cela est.

C'est dans ce but que la Compagnie de Panama a pris à cette époque vis-à-vis de M. Cornélius Herz des engagements qui ont été cautionnés par le baron de Reinach ou, ce qui est la même chose, qu'elle les a fait prendre directement par le baron de Reinach, qui était son agent financier et son mandataire. Et ces engagements étaient — vous allez le voir aussi, — peut-être pas expressément, mais de toute évidence dans l'intention des parties, subordonnés au succès de l'émission même des obligations à lots et, en outre, en ce quiconcernait M. de Reinahc, subordonnés aussi à l'avance ou au remboursement par la Compagnie de Panama des sommes qu'il aurait à payer à Cornélius Herz.

Mais M. de Reinach a pris ces engagements dans des termes tels que, tenu par eux, tenu peut-être aussi par d'autres liens plus ou moins mystérieux dont, à l'heure actuelle, M. Cornélius Herz a seul le secret, il ne s'est plus appartenu dorénavant, et il a dû payer de sa fortune, jusqu'à ce qu'il payât de sa vie, celui dont il avait fait si imprudemment son créancier.

Pour l'établir, je remets tout d'abord sous vos yeux la

lettre du 4 juin 1888 dont il vous a été parlé à la dernière audience ; c'est l'une des pièces qui ont été publiées en photographie par les journaux :

Paris, 4 juin 1888.

Monsieur le docteur Herz, Francfort,

Je vous remets par M. Chabert les billets et reçus de vous et de M. Guillot et les reçus de caisse Guillot, Chabert et de Rotter, et je déclare par la présente que vous ne me devez plus rien et que vous ne devez plus rien à la maison Kohn Reinach et Cie ; je prends aussi votre débit envers Schwob, garanti par moi, à ma charge. Tout ceci convenu à forfait, avec les intérêts accumulés pour la somme de quatre millions de francs.

Je vous demande la permission de m'arrêter ici.

Cette première partie de la lettre est la confirmation évidente de ce que j'avais l'honneur de vous dire tout à l'heure, à savoir que depuis 1880, lors de ce modeste prêt de deux mille francs dont vous vous souvenez, jusqu'à l'époque où nous sommes arrivés, 4 juillet 1888, M. le docteur Cornélius Herz n'avait jamais cessé d'être le débiteur de M. de Reinach et de la maison Kohn Reinach et Cie pour une somme qui, à ce moment, s'élevait à quatre millions de francs. C'est à ce chiffre qu'elle est fixée à forfait.

Ne parlons donc point d'affaires communes dont le réglement n'aurait pas été établi, ne parlons donc pas de créances considérables !... La vérité, c'est qu'il est intervenu à ce moment, en 1888, un événement nouveau, à raison duquel le baron de Reinach promet plus ou moins valablement à M. Cornélius Herz une somme de dix millions, sur laquelle somme de dix millions on commence par déduire celle de quatre millions dont, à la même époque, M. Herz était lui-même le débiteur du baron de Reinach. Et vous allez voir que cet événement, c'est *l'affaire de Panama.*

Je reprends maintenant la lecture de la lettre du 4 juin :

Vous aurez l'obligeance de donner à M. Chabert un reçu de cette somme.

Il me restera à vous restituer les actions d'Électricité, ce que je ferai dans le courant du mois d'août.

Vous savez que l'affaire de Panama n'est pas finie et, ainsi que je vous le disais dans ma lettre du 2 juillet : « M. de Lesseps a demandé le premier versement du 5 au 10 juillet courant. Si donc vous veniez à Paris, le 11 juillet, ou si vous déléguiez vos pouvoirs à une personne, j'ai la conviction que vous auriez satisfaction. » C'est donc le 11 juillet que M. de Lesseps aura à décider s'il maintient les souscriptions.

Agréez, monsieur, mes salutations.

J. DE REINACH.

Veuillez bien remarquer, Messieurs, le ton de cette lettre. Le baron de Reinach dit : « Il me restera à vous restituer les actions d'Electricité. » Si la prétention de M. Cornélius Herz était fondée, il aurait dû dire : *Il me restera, en outre, à vous payer... je resterai, en outre, votre débiteur d'une somme de...* Vous voyez qu'il ne dit rien de semblable ; il dit :

Vous savez que l'affaire de Panama n'est pas encore finie et, ainsi que je vous le disais dans ma lettre du 2 juillet : « M. de Lesseps a demandé le premier versement du 5 au 10 juillet. Si donc vous veniez à Paris, le 11 juillet, ou si vous déléguiez vos pouvoirs à une personne, j'ai la conviction que vous auriez satisfaction. »

C'est-à-dire que, si vous voulez bien me permettre de paraphraser la lettre, M. le baron de Reinach dit à M. Cornélius Herz : « Je sais bien qu'à cette époque, il vous est dû une somme plus ou moins considérable, et je sais bien qu'à cette époque-là aussi, il serait possible qu'on vous la payât; prenez donc vos précautions. »

Vous voyez déjà clairement, par cette lettre, quel était le caractère de l'engagement dont je vous parlais tout à l'heure, qui avait été pris de concert entre le baron de Reinach et la Compagnie de Panama envers de M. Cornélius Herz.

Nous allons passer, si vous le voulez bien, maintenant, aux deux lettres des 9 et 11 mai 1888 qui ne vous ont point été lues, mais qu'on a tant invoquées devant vous, comme contenant ce fameux réglement définitif à dix millions. Ces deux lettres sont presque identiques. La dernière phrase, qui n'a, d'ailleurs, pas autrement d'intérêt, est seulement supprimée dans la seconde. C'est donc de la première, comme étant la plus complète que je vais vous donner lecture. Elle se trouve au troisième registre des copies de lettres, folio 484, et elle est ainsi conçue :

Monsieur le docteur Herz,

Il est convenu que, suivant notre convention verbale datant de la première demande de la Compagnie de Panama pour l'obtention d'un emprunt à lots, vous toucherez dix millions de francs le lendemain du jour où la Compagnie de Panama aura touché elle-même du public le montant du premier versement sur les obligations à lots pour lesquelles elle demande actuellement l'autorisation des Chambres. Il est également entendu que je retiendrai sur cette somme toutes celles que vous me devez, ainsi que celles que vous devez à la maison Kohn Reinach et Cie en capital et intérêts. Sur le surplus qui vous reviendra, il est également entendu qu'il sera prélevé la somme nécesaire pour solder entièrement vos dettes à Paris par l'entremise de M. Chabert, que vous avez bien voulu désigner à cet effet.

La présente me sera rendue au moment du paiement et me servira d'acquit. **J. DE REINACH.**

Et ce serait là l'engagement par lequel M. le baron de

Reinach aurait, à cette date, réglé, à concurrence de dix millions, les bénéfices revenant à M. Cornélius Herz sur les affaires qu'ils avaient faites ensemble ! Est-ce qu'il y est fait mention d'aucune de ces affaires? Est-ce qu'il y a un soupçon possible, je ne dirai pas : que ces affaires aient existé, mais qu'elles aient été réglées à ce moment par la convention que je viens de vous lire? Est-ce qu'il est possible de le soutenir?... « *Il est convenu que, suivant notre convention verbale datant de la première demande de la Compagnie de Panama pour l'obtention d'un emprunt à lots, vous toucherez dix millions.* » Quand? « *le jour où la Compagnie aura touché elle-même du public le premier versement sur les obligations pour lesquelles elle demande actuellement l'autorisation des Chambres* ». Vous entendez bien, Messieurs, vous comprenez bien ce que cela veut dire entre le baron de Reinach et M. Cornélius Herz.

Voilà donc l'engagement que prend M. de Reinach parce que, pour des motifs que je n'ai pas à rechercher, on a cru à ce moment qu'il fallait promettre dix millions à M. Cornélius Herz pour obtenir que l'emprunt à lots fût voté par les Chambres françaises. Voilà la vérité. J'ajoute qu'il y a bien là, de la part du baron de Reinach, l'engagement téméraire, imprudent, dont je parlais tout à l'heure. Car, quel que soit le but de spéculation qu'il poursuit pour lui-même et qu'on peut entrevoir, ce n'est pas lui qui est le principal intéressé, ce n'est pas pour son propre compte qu'il s'engage ainsi que nous venons de le voir. Aussi ne dit-il pas à M. Cornélius Herz qu'il soit son débiteur; il lui dit au contraire : « *Il est bien entendu que je retiendrai sur cette somme toutes celles que vous me devez.* » Il ne lui dit pas : « Je paierai. » Mais il dit : « *Il est convenu que le lendemain du jour..., vous toucherez dix millions.* »

Tel est bien le caractère de l'engagement du 9 mai 1888,

et maintenant, vous vous représentez très exactement les circonstances dans lesquelles il est intervenu.

Il est si vrai que c'est, au fond et en réalité, la Compagnie de Panama qui s'oblige, que, la veille du jour où doit arriver cette échéance prévue par la lettre du 4 juillet, la veille du 11 juillet, la veille du jour où M. de Lesseps doit décider s'il maintient ou non les souscriptions, et où le baron de Reinach a invité en conséquence M. Cornélius Herz à venir à Paris ou à y envoyer quelqu'un, parce que, vraisemblablement, « il aurait satisfaction », — eh bien! la veille de ce jour-là, 10 juillet 1888, M. Cornélius Herz envoie un télégramme qui est la première manifestation de ces chantages auxquels il s'est tant livré depuis. Et ce télégramme, ce n'est point à M. de Reinach qu'il l'adresse, c'est à M. Marius Fontane, c'est-à-dire à la Société de Panama! Il est visé par le décret de radiation de l'Ordre de la Légion d'honneur; il est reproduit à la page 227 du rapport de l'honorable M. Vallé, et en voici les termes :

FRANCFORT-PARIS, Cornélius Herz à Marius Fontane.

Votre ami cherche à tricher; il faut qu'il paye ou saute, et s'il saute, ses amis sauteront avec lui. Je briserai tout plutôt que d'être volé d'un centime. Avisez, car il n'est que temps.

HERZ.

Voilà le télégramme adressé, le 10 juillet 1888, à M. Marius Fontane.

Et presque immédiatement après, le 18 juillet, sous le coup de la pression exercée par M. Cornélius Herz, le baron de Reinach lui envoie les deux chèques Thierrée de un million chacun.

Ces deux millions provenaient-ils plus ou moins exactement des 3.390,000 francs sortis eux-mêmes des caisses de la Compagnie de Panama et qui avaient été déposés chez M. Thierrée? Le second de mes adversaires vous disait tout à l'heure que oui ; M° Clunet vous avait dit à la dernière audience que non ; je vous dirai qu'il m'importe peu. De quelque part que soient venus ces deux millions, ce n'est pas la question de leur origine que nous traitons devant vous, mais uniquement celle de savoir s'ils doivent être, ou non, restitués à la succession de Reinach.

A ce moment, le baron de Reinach espère qu'il en a fini, car il envoie à M. Chabert (vous savez que M. Chabert c'est M. Cornélius Herz lui-même) une lettre par laquelle il lui annonce d'abord 100,000 francs — et il les lui envoie — puis 28,700 francs — et il les lui envoie encore — et la première comme la seconde fois, *pour solde*. En outre, M. de Reinach réclame chaque fois l'engagement qu'il a pris et qui, vous l'avez retenu, aux termes de la lettre du 9 mai 1888, doit lui être restitué et doit lui servir de quittance. Il écrit en effet le 27 juillet 1888 :

> **Mon cher Chabert,**
>
> **POUR TERMINER NOS COMPTES** Herz, j'aurai encore à vous remettre 100,000 francs; ce paiement vous sera fait par moi au commencement du mois d'août.
>
> Bien à vous,
>
> **DE REINACH.**

Puis, le 6 août 1888 :

> **Mon cher Chabert,**
>
> Quoiqu'il m'en coûte, vous aurez demain, **A TITRE DE SOLDE,** les **100,000** francs pour Herz.
>
> **DE REINACH.**

Le lendemain, 7 août 1888 :

> **Mon cher Chabert,**
>
> Voici, suivant les lettres antérieures, **100,000** francs en chèque sur la Banque, **SOLDE DE COMPTE.**
>
> **DE REINACH.**

Enfin, le 9 août 1888 :

Voici un chèque de 28,700 francs COMME SOLDE DE COMPTE.

Vous aurez en retour à me remettre une déclaration que je ne dois plus rien à M. Herz. Maintenant, laissez-moi vous dire que je ne crois absolument pas à la réussite de la Compagnie de Panama.

DE REINACH.

Vous voyez ces lettres, c'est toujours la même situation et c'est toujours la même formule. Il y a une pression exercée, il y a de l'argent demandé; M. Cornélius Herz réclame à M. de Reinach d'abord 100,000 francs, puis 28,700 francs et c'est toujours *pour solde* de compte qu'on paie; on paie *pour solde* entre les mains de M. Chabert, en recommandant de bien dire à M. Cornélius Herz que l'on s'est définitivement acquitté et qu'on ne lui doit plus rien.

Ainsi, chaque fois qu'il paie, M. de Reinach espère toujours que c'est la fin, mais quelle illusion! Avec M. Cornélius Herz il ne devait pas y avoir de fin!... Et il est si vrai que le baron de Reinach paie dans les conditions que je vous indiquais, pour le compte de la Compagnie de Panama, qu'il paie une dette qui n'a été contractée vis-à-vis de M. Cornélius Herz qu'à raison de ce qu'attendait le lui la Compagnie de Panama, que voici, à la date du 24 août 1888, ce qu'il écrit à M. de Lesseps, (vous trouverez cela au copie de lettres, L. IV, f° 16) :

Cher Monsieur de Lesseps,

J'ai payé tout le monde, et le docteur Herz en partie; c'est donc le moment de vous donner ma situation, afin que vous me disiez où, quand et comment vous pourrez me donner satisfaction.

Il s'agit pour moi non pas de bénéfice, mais de rentrer dans mes débours. Vous m'avez remis 4,940,475 francs, j'ai ajouté de ma poche quatre millions, soit **8,940,475** francs, — c'est mon compte à ce jour. — **Dans ce que vous m'avez remis, vous comptiez pour moi un bénéfice de 1,600,000** francs; laissez-moi vous observer qu'ayant déboursé de ma poche un million, si j'avais été un participant de la dernière heure, j'aurais eu **40,000** obligations qui m'auraient donné **2,200,000** francs. Ce n'est qu'une simple observation qui ne modifie en rien mes premiers chiffres.

Je vous mets tout cela par écrit afin qu'il n'y ait aucun malentendu sur les chiffres. Quand vous serez sorti de vos comptes, je serai prêt à causer avec vous.

Bien à vous,

J. DE REINACH.

Voilà, dans cette lettre de M. de Reinach à M. de Lesseps, la confirmation de ce que j'avais l'honneur de vous dire quand je vous lisais la lettre du 9 mai 1888, à savoir que les dix millions avaient été promis à M. Cornélius Herz, non pas en rémunération de quoi que ce soit d'antérieur, mais au titre que vous avez tous sur les lèvres « pour l'émission des obligations à lots que faisait la Compagnie de Panama »; et qu'ils lui avaient été promis par M. de Reinach, non pour son compte, mais pour celui de la Compagnie de Panama. C'est pour cela que le baron de Reinach se croit autorisé à dire à M. de Lesseps : « J'ai payé tout le monde, et M. Cornélius Herz en partie; maintenant, quand vous aurez le temps, si vous le voulez bien, nous compterons. »

Mais rien n'arrête le docteur Cornélius Herz. Il a reçu quatre millions par compensation ; il a reçu les chèques Thierrée (deux millions de francs), il lui faut le reste ! et les dépêches et les lettres pleuvent sous la forme menaçante que le Tribunal connaît bien, puisque j'ai tout à l'heure mis sous ses yeux la dépêche de M. Cornélius Herz à M. Marius Fontane, du 10 juillet 1888.

Ces dépêches — je le dis en passant — je ne les avais pas communiquées moi-même à mon honorable adversaire ; j'ai cru voir qu'il y en avait un certain nombre dans la communication qu'il m'a faite ce matin. Qu'il se rassure à ce point de vue, je les connais parce qu'elles sont au dossier de l'information ; nous avons tout déposé entre les mains de la justice, notamment ces télégrammes étranges dans lesquels M. Cornélius Herz, essayant de renverser les rôles, écrit ou télégraphie au baron de Reinach « qu'il se conduit mal », — « qu'il est bien ingrat envers lui, qu'il fait du chantage vis-à-vis de lui, en ne voulant pas le payer ». Tout cela est aux mains de M. le Juge d'instruction avec le mot « chantage » écrit en travers, de la main du baron de Reinach ; et c'est tout cela que les magistrats ont considéré jusqu'à présent comme constituant des charges graves contre M. Cornélius Herz.

Je continue, Messieurs. Vous allez voir à quelle situation en est réduit, dès cette époque de décembre 1888, le baron de Reinach par la pression exercée sur lui par le docteur Cornélius Herz.

Je vous ai dit que les lettres et les télégrammes venaient le trouver partout, et que le docteur exigeait qu'il payât jusqu'au dernier centime cette somme de dix millions, que le baron de Reinach avait pris l'engagement de lui faire toucher pour la cause et dans les termes que vous connaissez maintenant. Le baron de Reinach se révoltait, et, à la date à laquelle je suis arrivé, il exhale un premier cri de rage ; vous allez l'entendre dans une lettre qui est au même copie de lettres, (L. IV, folio 45), et qui porte la date du 28 novembre 1888. C'est le second document visé par la dépêche de M. le Juge d'instruction Franqueville à

M. le Garde des sceaux, laquelle dépêche est le préambule du décret de radiation de l'Ordre de la Légion d'honneur dont je vous ai déjà donné lecture :

Mon cher Chabert,

J'ai reçu votre mot d'hier. Non seulement je refuse tous paiements ultérieurs au docteur Herz, mais, s'il ne se tient pas coi, je lui réclamerai par la voie judiciaire le remboursement de toutes les sommes qu'il a touchées depuis le commencement de l'affaire de Panama, car, ni en droit ni en fait, il n'est rien dû au docteur Herz; il n'a rien fait, il n'a droit à aucune rémunération; l'insuccès de l'émission de la Compagnie de Panama n'a pas permis à cette Compagnie de me rembourser, et si en faisant des paiements au docteur Herz, j'ai cédé à ses menaces de chantage qui pouvaient compromettre l'émission de la Compagnie de Panama, et à la pression exercée par ses amis sur moi, cela ne constitue aucun engagement valable.

J'ajoute que si le docteur Herz, grand officier de la Légion d'honneur et, à ce qu'il dit, futur ambassadeur des Etats-Unis à Paris et qui se pique de laisser un nom honorable à ses enfants, je dis que s'il bouge, je déposerai immédiatement entre les mains du Procureur de la République une plainte, et je produirai tous les reçus et autres chèques sur la Banque de France et sur les banquiers à partir de la première somme de 600,000 francs que le docteur Herz a enlevée à Panama, pièces qui démontrent clairement combien de millions il s'est indûment appropriés. Je déposerai aussi au Parquet toutes les lettres et toutes les dépêches que je possède du docteur Herz qui font voir de quels moyens d'intimidation il se servait pour arriver à son but. On saura ainsi de quelle manière le docteur Herz s'y prend pour gagner de l'argent. Je n'ai jamais profité de ces sommes, j'ai les mains nettes. Que le docteur Herz et ceux qui ont profité de cet argent mal acquis se le tiennent pour dit.

Je refuse toute communication soit verbale, soit écrite, et je refuse toute entrevue avec qui que ce soit.

Je regrette bien d'avoir à vous faire ces communications,

mais je veux en finir une bonne fois, et je ne veux plus être
exposé à des chantages et à des pressions. La loi me protège.

    Bien à vous,

DE REINACH.

Voilà la lettre du 28 novembre 1888, laquelle lettre est, je
le répète, avec la dépêche que je vous ai lue tout à l'heure,
l'un des documents visés et appréciés dans la dépêche de
M. le Juge d'instruction Franqueville à M. le Garde des
Sceaux.

A une date presque concomittante, à la date du 26 décembre, vous trouverez au même copie de lettres un autre
document identique dans lequel le baron de Reinach dit au
même M. Chabert : que si le docteur Herz était honnête, il
n'aurait qu'une façon d'agir, ce serait de l'assigner, lui,
avec la Compagnie de Panama, pour qu'on s'expliquât;
ou tout au moins d'assigner la Compagnie de Panama qui
l'appellerait en garantie, ou réciproquement. Et il fait
allusion dans cette lettre intéressante à l'amitié de
M. Cornélius Herz avec le président Blaine.

Etait-ce là le secret du concours, qu'on voulait s'assurer,
de ce personnage étrange et considérable? Je n'en sais
rien. Cette lettre me paraît d'ailleurs surabondante; et il
ne me convient pas de la mettre au débat, ne fût-ce que
parce qu'elle porte le nom d'une femme, encore que cette
femme ne soit pas une mère de famille respectée comme
Mme la baronne de Reinach.

Alors, le chantage continue : chaque fois que le baron
de Reinach menace de se plaindre tout haut, ou d'opposer
une résistance obstinée, on intervient, on le calme, on le
décide à payer encore, afin d'éviter un éclat ou un procès
qui aurait compromis, deux ou trois ans plus tôt, tant de
personnes et tant de choses !

Le malheureux, de son côté, frappe à toutes les portes.

en particulier à celle de la Compagnie de Panama; mais, là, on fait la sourde oreille, et on lui déclare qu'il est impossible de le faire rentrer dans les sommes considérables qu'il a déjà déboursées pour suffire aux exigences de M. Cornélius Herz.

Ah! l'on a essayé, Messieurs, d'après M. Schwob, sur le compte de qui l'on s'était pourtant exprimé assez sévèrement, de vous faire je ne sais quel portrait de M. le baron de Reinach. Permettez-moi de vous montrer, de par un homme d'une autre valeur, et qui le connaissait mieux, — c'est M. Charles de Lesseps, — dans quel état d'esprit était alors le baron de Reinach et en même temps ce qu'il fallait penser des exigences de M. Cornélius Herz et de la possibilité de les apaiser. Devant la Cour d'assises, au cours de ce qu'on a appelé le procès de corruption (audience du 8 mars, le *Droit*, du 10 mars, colonne 3), M. Charles de Lesseps s'exprimait ainsi :

> Le baron de Reinach manifesta alors un violent désespoir, m'informant qu'il était perdu. Il insista tellement que, sans être convaincu, je lui dis : « Vous êtes victime d'un chantage », et j'ajoutai : « Moi, je ne veux pas en être la victime, le docteur est insatiable, quand nous lui aurions donné dix ou douze millions il en voudrait encore plus; quand il aurait dévoré votre fortune il vous demanderait encore votre paletot, et quand il aurait votre paletot, ce serait le tour de votre chemise.
>
> Et comme le baron de Reinach était assez facétieux, je terminai par cette plaisanterie : Et une fois que le docteur vous aura mis ainsi dans le costume d'Adam, il vous dira d'aller dans ce costume, la tête en bas et les pieds en l'air, de la Madeleine à la Bastille. Ce jour-là, ne manquez pas de me prévenir : je me tiendrai sur le trottoir pour vous voir passer.

Voilà bien le baron de Reinach et le docteur Cornélius Herz, et voilà leurs rapports réciproques appréciés par un homme qui avait payé pour les bien connaître tous les deux.

Eh bien, ce que prévoyait M. Charles de Lesseps s'est

réalisé, et c'est ainsi que, le 18 juillet 1889, le baron de Reinach a été amené à se reconnaitre encore débiteur de deux millions de francs—c'est là, vous le savez, l'objet de l'engagement qui vous a été représenté en photographie, — et que le lendemain, 19 juillet, il a écrit à M. Cornélius Herz cette lettre qui vous a été également représentée en photographie, et dans laquelle il lui dit : « Maintenant que « nos affaires sont heureusement terminées, je verrais « volontiers un rapprochement entre nos deux familles. »

C'est là, Messieurs, ce dont on vous a dit que c'était une demande en mariage de Mlle Herz pour M. Lucien de Reinach. Mlle Herz avait bien alors quatorze ou quinze ans, mais il importe peu ; quelle singulière demande en mariage ! Comme c'est sec, et comme cela ressemble bien à une lettre commandée ! M. de Reinach aurait écrit, le couteau sur la gorge, à M. Cornélius Herz pour faire semblant de lui demander la main de sa fille, qu'à coup sûr, il n'aurait pas écrit en d'autres termes !... Et il devait encore être plus facile d'obtenir du baron de Reinach qu'il écrivît une pareille lettre que de lui faire sortir de sa caisse, qu'il tenait si soigneusement fermée, les millions qui ont passé dans la caisse de M. Cornélius Herz.

Et le chantage a continué, et les paiements aussi !

J'ai là, non pas les dépêches qui sont au dossier de l'information et que mon honorable adversaire y pourra retrouver, mais celles que je lui avais dès longtemps communiquées et qui accompagnaient la plainte que nous avons déposée entre les mains de M. le Procureur de la République le 28 janvier 1893.

En voici une du 18 janvier 1890 :

Vous devez absolument tenir votre promesse mardi prochain, autrement, comptez sur ma colère.

HERZ.

Et voici, à la même date, 20 janvier 1890, une lettre et un envoi d'argent, toujours *pour solde de compte;* la lettre est adressée cette fois à Mme Cornélius Herz et elle est ainsi conçue :

Madame,

Votre mari m'a dit de vous faire un paiement. Je vous envoie demain par la poste 25,000 francs et je vous enverrai les autres les jours suivants.

J'ai par contre à recevoir un engagement signé par moi. Veuillez me faire savoir si vous êtes disposée à me le remettre.

Veuillez agréer, madame, l'assurance de mon dévouement.

DE REINACH.

Chaque fois qu'il y a un paiement, il y a ce que vous avez déjà trouvé dans les lettres à M. Chabert, à savoir l'indication que ce paiement est le dernier et la réclamation perpétuelle de cet engagement, dont il est parlé dans dans la lettre du 9 mai, et dont la remise doit servir de quittance au baron de Reinach.

Puis voici les autres dépêches auxquelles je faisais allusion.

8 février 1890, envoi d'un chèque par M. de Reinach :

M. de Reinach joint à la présente un chèque de 45,000 livres et prie M. le docteur Herz de lui renvoyer par contre l'engagement qu'il a entre les mains.

C'est encore un des documents qui sont joints à la plainte déposée par M. Imbert entre les mains de M. le Procureur de la République.

Enfin, une dépêche du 17 février 1890 de M. Herz à M. Guillot, au bas de laquelle est écrit :

Communiquée par ordre.

Quant à de Reinach, déjà demain, il marchera lui-même rondement. Vous comprenez pourquoi on peut compter sur lui. Dites-lui cela de ma part.

HERZ.

Et cette dépêche est transmise à M. de Reinach par M. Chabert, avec ces mots :

Voici l'extrait d'une dépêche qui a été adressée aujourd'hui par le docteur Herz à M. Guillot. Je vous l'adresse sur la demande du docteur. Il n'y a pas plus de commentaires que cela.

C'est au dos de cette lettre, du 17 février 1890, que nous avons trouvé, de la main du baron de Reinach, le brouillon de la réponse envoyée ou destinée à M. Chabert, et qui est ainsi conçue :

J'ai reçu la communication insolente que vous m'avez faite; je m'étonne que vous prêtiez la main à un pareil métier ! Si vous, M. Guillot et le Dr Herz, ne me laissez pas en repos, je mettrai M. le Procureur de la République au courant de l'association de chantage qui a été formée à mon égard en lui fournissant toutes les pièces.

Je saisis l'occasion de la lecture de cette lettre pour dire, par avance, au Tribunal que je n'ai rien à répondre à des documents que je connais à peine, qui sont là parmi ceux qui m'ont été communiqués ce matin, mais qui sont des lettres ou des dépêches adressées par M. Guillot, ancien député, ou par M. Chabert à M. Cornélius Herz.

Vous savez ce que l'un et l'autre sont ou ont été pour M. Cornélius Herz et en conséquence ce que vaut leur correspondance avec lui. Ils ont bien pu raconter à M. Cornélius Herz tout ce que bon leur a semblé; je vous déclare et, j'en suis sûr, vous m'approuverez, que je n'y attache aucune importance et que je ne prendrai pas la peine d'y répondre.

Quoi qu'il en soit, et en dépit de la lettre que je viens de lire, le baron de Reinach est tenu ; il est tenu non pas tant par les engagements qu'il a pris, que parce qu'il est sous le coup des menaces toujours renouvelées de M. Cornélius Herz. Il paie toujours, et nous avons dans divers documents, à l'un desquels mon honorable adversaire a fait allusion, nous avons le compte définitif des sommes considérables qui ont passé de ses mains entre les mains de M. Cornélius Herz. Ces sommes ne s'élèvent pas à moins de douze millions de francs.

De ce document, que je ne vous avais pas moi-même signalé, bien qu'il eût été communiqué à mon adversaire avant ma plaidoirie, il résulte que, de décembre 1890 à septembre 1892, le baron de Reinach a encore payé à M. Cornélius Herz 1,968,000 francs ; après que, dans les circonstances que je viens de rappeler, en 1888, en 1889, en 1890, il avait déjà versé, et à tant de reprises « pour solde », des sommes énormes entre ses mains.

En vérité, Messieurs, est-ce que vous croyez que ce serait trop, en présence de ces documents, quand il s'agit uniquement de savoir si nous sommes ou si nous ne sommes pas, ou plutôt si nous devons être présumés ou non, créanciers de M. Cornélius Herz, — est-ce que vous croyez, dis-je, que ce serait trop d'exiger de lui quelques renseignements ? Non pas quelques renseignements vagues sur ses relations avec celui-ci ou avec celui-là et même avec le baron de Reinach, mais quelques renseignements précis sur les diverses affaires qu'ils ont traitées en commun, sur les comptes auxquels ces affaires ont donné lieu, sur les circonstances et sur les écrits par lesquels elles ont été réglées, et enfin sur la preuve, qu'il pourrait plus ou moins apporter, que ces affaires se sont soldées par des bénéfices, lesquels justifieraient, ou tout au moins expliqueraient, le payement de tant de millions?

Mais, je n'ai pas besoin d'insister; vous êtes bien convaincus maintenant que ce n'est point un réglement de compte pour des affaires antérieures, qui est intervenu en mai 1888, entre le docteur Cornélius Herz et le baron de Reinach.

Vous trouveriez d'ailleurs à ce sujet des indications précieuses, bien qu'assez réservées aux pages 226 et 227 du rapport de l'honorable M. Vallé. Vous en trouveriez d'autres plus précises, si vous vouliez bien vous y reporter, dans un document de moindre importance mais qui ne laisse point aujourd'hui d'avoir quelque valeur. Il s'agit d'un article du journal le *Figaro*, qui est signé « Vidi », et qui remonte à une époque déjà lointaine, 24 janvier 1893. Un an,... que de choses se sont passées depuis! Vous y trouveriez assez exactement rapporté presque tout ce que je viens de vous rappeler. Je n'ai pas besoin de vous dire que je me serais gardé de faire allusion à cet article, si le docteur Cornélius Herz lui-même n'était intervenu pour lui donner crédit, en faisant paraître, il y a quelques jours, une partie de sa défense dans le même journal et sous la même signature. C'est pour cela que je me permets aujourd'hui de vous en recommander la lecture.

Et maintenant, Messieurs, qu'on ne parle plus de l'attitude qu'a eue, dans ses dernières années, le baron de Reinach vis-à-vis de M. Cornélius Herz et qui constituerait un démenti à tout ce que je viens de vous dire moi-même: qu'on ne parle plus des témoignages d'amitié qu'il aurait reçus de lui ou des siens. En ce qui concerne les siens, mon adversaire a maintenant à qui parler, et mon honorable confrère, M⁰ Cartier, s'en expliquera. Mais, en ce qui concerne le baron de Reinach, il m'a paru que, dans les communications que j'ai reçues ce matin, il y avait un certain nombre de lettres ou de dépêches destinées à établir que les rapports entre M. Cornélius Herz et le baron de Reinach n'avaient jamais été interrompus, que celui-ci faisait des visites fréquentes à l'avenue Henri-Martin, qu'il ne cessait d'assiéger la demeure de M. Cornélius Herz, et, comme on vous le disait, « d'agiter sa sonnette ».

Je le crois bien. Dans la situation où il se trouvait, à ce point dans sa dépendance, il n'y avait personne qu'il dût chercher à voir plus fréquemment que M. Cornélius Herz ! Il n'y avait pas de jour où il n'imaginât que la fin de ses préoccupations et de ses angoisses était arrivée, où il n'espérât que, grâce à d'autres affaires qu'ils traitaient en commun — que voulez-vous, Messieurs ? ces hommes-là n'ont ni nos procédés, ni nos délicatesses, ni nos répugnances, — il pourrait enfin se récupérer de quelques-unes des pertes immenses qu'il avait déjà subies ! Et de qui donc aurait-il pu attendre la grâce ou le salut, si ce n'est de M. Cornélius Herz ?

Ce que je voudrais plutôt qu'on expliquât, c'est comment, alors que M. Cornélius Herz n'avait pas un sou, en 1886, l'homme dont la signature valait, à cette époque, 200 millions, en était arrivé à tant « fatiguer la sonnette » de l'avenue Henri-Martin. C'est cela qui est bien autrement singulier et qui mériterait d'autres explications que celles qu'on vous a fournies ; car, je le répète, s'ils avaient fait ensemble des affaires qui avaient enrichi M. Cornélius Herz, le baron de Reinach aurait dû, pour le moins, s'enrichir d'autant !

On vous disait aussi : Mais l'attitude devant le juge d'instruction ! Comment, le baron de Reinach est appelé

par lui, et il ne s'écrie pas : Mais je n'ai rien détourné ;
loin d'être un coupable, je suis une victime ; l'argent que
vous m'accusez d'avoir gardé avait été promis par la Compagnie de Panama à M. Cornélius Herz, la Compagnie de
Panama n'en a payé qu'une partie et c'est moi qui, de ma
bourse, ai payé le reste !

Ah ! Messieurs, vous avez bien compris ce que je viens
de vous dire , que M. Cornélius Herz pouvait encore
sauver le baron de Reinach et que celui-ci espérait
toujours. Et puis, à la façon dont il le menaçait et dont,
pour un peu, il menacerait encore aujourd'hui ses héritiers, il faut bien croire que M. Cornélius Herz avait
une prise singulière sur le baron de Reinach, qu'il avait
sans doute entre les mains quelques documents très com-
promettants pour lui ou pour son entourage. Notre expé-
rience nous a appris à tous que le chantage ne se pratique
pas autrement ; il faut que celui qu'on fait chanter ait
donné sérieusement prise contre lui, il faut qu'il se soit
exposé par son imprudence, et le plus souvent par sa
faute, aux manœuvres dont il devient ensuite la victime.
Autrement, on n'aurait pas sur lui cette prise véritable,
définitive, certaine, qui permet de le menacer, comme
dit le Code pénal, « de révélations ou d'imputations
diffamatoires. »

Comment le baron de Reinach avait-il à ce point donné
cette prise sur lui ? Je n'ai pas à le rechercher, parce que
ce n'est pas le procès ; ce qui est certain, c'est qu'il l'avait
donnée et que le docteur Cornélius Herz en a impitoya-
blement abusé contre lui jusqu'à la fin.

Et c'est parce que M. de Reinach ne désespérait
jamais de pouvoir l'apaiser, c'est pour cela que, tout en
ayant écrit vingt fois, de sa main, sur tous les documents qui attestaient ses rapports avec M. Cornélius

Herz ce mot « chantage », il ne cessait pas de le visiter, il ne cessait pas de faire des affaires avec lui, il ne cessait pas, non de lui témoigner son amitié, — c'est trop dire — mais d'assiéger sa demeure, de le solliciter, je dirais : de l'implorer, dans l'espoir, toujours déçu, de recouvrer un peu de cette tranquillité qu'il avait depuis si longtemps perdue. C'est pour cela, qu'il ne donnait jamais suite à ses plaintes ; et il faut bien croire, en définitive, que c'est pour cela, ainsi que mon honorable adversaire vous le rappelait si éloquemment à votre dernière audience, qu'il a fait, un jour du mois de novembre 1892, cette démarche suprême qui, de la part de ceux qui accompagnaient ce jour-là le baron de Reinach, ne s'explique ou ne s'excuse que par la certitude qu'ils avaient de son bon droit ou par la pitié profonde que sa triste situation leur inspirait.

Ma démonstration me semble achevée. Je vous ai dit, Messieurs, que je vous demanderais la permission de tirer quelques conséquences juridiques des faits que je viens d'avoir l'honneur de vous expliquer ; je le ferai très rapidement.

L'engagement du mois de mai 1888 est sans cause ou pour cause illicite ; les paiements qui en ont été la conséquence, eussent-ils été volontaires, pourraient être l'objet d'une répétition et n'ont pas pu être le point de départ d'une compensation.

Ils pourraient être l'objet d'une répétition sans qu'on eût le droit de nous opposer la maxime : *Nemo auditur foro...* En effet, cette maxime est singulièrement battue en brèche aujourd'hui par la doctrine qui lui oppose les dispositions formelles des articles 1108, 1131 et 1133 du Code civil ; c'est ce que vous pourrez voir dans le supplément de Dalloz au mot « Obligations ». J'ajoute que, de par une jurisprudence constante, on admet la répétition des sommes payées à titre de supplément de prix d'office ou pour intérêts usuraires. La Cour de cassation a même déclaré que les sommes payées en vertu d'une convention illicite, laquelle était, dans l'espèce, la cession déguisée d'une concession de chemin de fer, étaient sujettes à répétition. Cela est vrai surtout, en pareille matière — et c'est notre espèce — lorsque c'est la remise de fonds qui constitue l'acte illicite et qui est défendue par la loi. Voilà, sur ce point, la doctrine et la jurisprudence.

Je dis, et ici je fais allusion à la créance Schwob, que la compensation n'est pas possible. Il ne peut pas être question — cela va de soi — de compensation légale ; la compensation légale est impossible entre une créance légitime et une dette créée pour cause illicite, parce que celle-ci n'est jamais exigible. C'est de doctrine et de jurisprudence constantes, et je ne discute pas.

Mais la compensation conventionnelle, la compensation volontaire est non moins impossible. En effet, vouloir paralyser les effets d'un titre exécutoire par la production d'un acte de compensation entre une créance légitime et une dette illicite, c'est invoquer soi-même la *turpis causa*. Si je présente à l'appui de ma dette un titre exécutoire et que l'adversaire, contre qui j'ai ce titre, me réponde qu'il y a eu compensation par suite de l'existence d'une dette illicite, c'est lui-même qui invoque la *turpis causa*.

En conséquence, Messieurs, si le juge ne peut pas dire qu'il y ait compensation entre une créance valable et une dette illicite, il ne peut pas davantage paralyser l'effet de cette créance valable, en permettant qu'on lui oppose un réglement de compte par compensation, qui serait fondé sur cette dette illicite.

Voilà, Messieurs, les principes en présence desquels je voulais vous placer, et les conséquences que je voulais, en quelques mots, tirer de ce que j'ai établi, à savoir : que M. Cornélius Herz est resté le débiteur du baron de Reinach, qu'il l'est resté pour toutes les causes que je vous ai indiquées, — car il n'a pas pu devenir son créancier par suite de l'engagement contracté envers lui le 9 mai 1888 dans les termes que vous connaissez. Je vous ai démontré, en effet, que cet engagement est pris pour cause illicite ou qu'il est sans cause, et, de cela, je viens de déduire devant vous des conséquences qui s'imposent.

Mais vous ne me pardonneriez point d'insister davantage. Je répète encore une fois que nous ne plaidons pas au fond et que nous ne demandons pas contre M. Cornélius Herz une condamnation à payer une somme d'argent déterminée. Il nous suffit de vous avoir convaincus, non pas que nous sommes, mais que nous devons être présumés créanciers de M. Cornélius Herz ; et, pour cela, d'avoir établi que, surtout à partir de juillet 1885, il n'y a pas eu un seul paiement volontaire à lui fait par le baron de Reinach.

Et de cela même, étant donné le caractère de notre action, une présomption grave suffit dans le débat actuel. Et ce ne serait pas une présomption grave, en faveur de la succession de Reinach, que l'appréciation à laquelle je vous ramène et qui a été formulée par M. le Juge d'instruction Franqueville, dans le document que vous connaissez ! Et ce ne serait pas une présomption grave que le décret de radiation, sur l'avis unanime des onze membres du Conseil de l'Ordre de la Légion d'honneur !

Et ce ne serait pas une présomption grave que l'information qui reste ouverte et la demande d'extradition qui reste maintenue ! Et l'on pourrait encore dire que tous ces faits connus et prouvés sont dans le domaine « de la fantaisie pure, du roman, de l'imagination! » Mais non, Messieurs, il sont bien dans le domaine de la réalité, de la réalité peut-être romanesque et fantastique, mais de la triste réalité.

Et, s'il faut qu'aujourd'hui, comme toujours, vous appliquiez les règles inflexibles et protectrices du droit, nous ne ferons, ni mon adversaire ni moi, que, dans l'appréciation des faits, nous soyons ici dans une affaire ordinaire. Oh non ! ce n'est point une affaire ordinaire, celle dans laquelle on a livré les millions à cette farandole effrénée dont on n'avait pas encore vu d'exemples, — et dans laquelle, des deux hommes dont les noms ne cessent de retentir ici et qui s'y trouvaient si singulièrement mêlés, l'un, le baron de Reinach, qui avait remué des millions, accompagné de deux des personnages les plus considérables de notre pays de France, s'est rendu un soir chez l'autre, un étranger, alors grand officier de la Légion d'honneur, y est entré ruiné et en est sorti pour mourir !

Et l'on ne fera pas non plus que les juges impartiaux qui nous écoutent regardent du même œil de l'un et de l'autre côté de cette barre : là, où on ne lutte que pour garder son bien mal acquis et le soustraire par tous les moyens aux poursuites de ses créanciers ; ici, où l'on ne combat que pour se récupérer bien faiblement, hélas ! de ses pertes et pour payer loyalement toutes ses dettes !

CONCLUSIONS

DE

Monsieur l'Avocat de la République CABAT

Audience du 1er Février 1894

MESSIEURS,

M. Cornélius Herz avait cru échapper aux actions particulières, comme il s'était dérobé à l'action publique. Assigné aujourd'hui par trois adversaires, il multiplie les fins de non-recevoir contre les réclamations dont il est l'objet.

Il dit à M. Imbert, administrateur de la succession de Reinach : « **Vous n'avez pas le droit de me faire un procès, parce que je veux avoir en face de moi, non pas une personne morale, comme une succession, mais des héritiers en chair et en os, les enfants du baron de Reinach eux-mêmes.** » Il lui dit ensuite : « **Vous n'avez pas le droit de m'actionner devant le Tribunal civil, car, d'une part, vous avez déjà choisi la voie correctionnelle, et, d'autre part, le criminel tient le civil en état.** » Il lui dit en outre : « **Vous n'avez pas le droit de demander à la justice de faire tomber la simulation, ayant consisté à mettre mes biens sous le nom de ma femme, car vous n'êtes pas mon créancier, même éventuel, étant au contraire mon débiteur.** »

A ses côtés dans l'instance Mme Cornélius Herz oppose les mêmes fins de non-recevoir.

Je ne m'explique pas très bien, Messieurs, pourquoi le docteur Cornélius Herz s'entoure de ce rempart de fins de non-recevoir. Il semble que cet homme, si attaqué, mais si agressif en même temps, devrait être heureux de cette occasion qui lui est offerte de se justifier sans péril de ce qui ne constitue que des griefs purement civils. En butte à un déchaînement de haine injuste et d'odieuse calomnie, dit-il, il semble qu'il devrait être impatient de faire luire, sur ses opérations tant suspectées, un jour qui en démontrerait le caractère inattaquable et la parfaite loyauté. Ce serait sans compromettre la sécurité de sa personne, puisqu'ici il n'a pas à se défendre d'une accusation d'extorsion de fonds ni d'escroquerie : ce qu'on lui demande, c'est de fournir à la justice civile quelques renseignements sur certains de ses procédés qui ne laissent pas que d'inquiéter ceux à qui il pourrait avoir des comptes à rendre.

Pourquoi, dès que la Compagnie de Panama a été dans l'obligation de suspendre ses opérations, a-t-il acheté sous le couvert de sa femme, mais de ses deniers, pour environ deux millions d'immeubles ? Pourquoi cette mesure de précaution ? Pourquoi ce moyen préventif ? Pourquoi, disons le mot, cette ruse, à une époque où il était à l'apogée de son crédit et alors qu'aucune poursuite n'était encore dirigée contre lui ? Ce plan conçu de longue date donne à penser ; on en conclut que s'il dissimulait déjà son actif, c'est qu'il avait le sentiment des responsabilités qu'il avait encourues et des sanctions que ces responsabilités pourraient entraîner contre lui plus tard !

Eh bien ! ce qu'on demande au docteur Cornélius Herz, c'est d'expliquer pourquoi, dans la semaine du décès du baron Jacques de Reinach, il s'est réfugié lui-même à l'abri de l'hospitalité anglaise, comme il avait déjà mis ses immeubles à l'abri du nom de sa femme, réalisant ainsi un double lieu d'asile pour sa personne et pour ses biens; ce qu'on lui demande, c'est de ne pas se montrer trop avare d'éclaircissements sur les causes des engagements énormes souscrits envers lui par le baron Jacques de Reinach..... Il s'agit au total de douze millions et même davantage, car le paiement de ces douze millions — Cornélius Herz le répète à chaque ligne de ses écritures — n'a fait que diminuer sa créance sans l'éteindre... Sur ce point, il semble que Cornélius Herz devrait des explications. Il n'en donne aucune, à nous du moins; il nous dit bien qu'il a fait des affaires avec Jacques de Reinach, et que celui-ci s'est reconnu son débiteur, mais la succession Jacques de Reinach réclame vainement de lui la justification d'un élément sans lequel il peut bien y avoir des conventions, mais pas d'obligation juridique, l'existence d'une cause réelle et licite des engagements allégués.

En outre, il a été établi au cours du débat correctionnel et criminel de l'année dernière que Cornélius Herz s'était fait remettre, sur les fonds de la Société du canal inter-océanique de Panama, dans le courant de l'année 1885, deux sommes d'environ 600.000 francs. Ce qu'on demande alors à Cornélius Herz, qui ne nie pas avoir reçu les 600,000 francs indirectement ou directement de Charles de Lesseps, c'est de nous renseigner obligeamment sur les services qu'il aurait rendus à l'entreprise du perce-ment de l'isthme de Panama en représentation de cette somme. Or, sur ce point essentiel, nous n'avons pas de réponse ; c'est cependant la première fois que Cornélius Herz consent à parler devant la justice. Quelle occasion, Messieurs, de faire tomber la légende créée autour de son nom et de nous mettre au courant du secret qui existait entre lui et Jacques de Reinach! Nous ne saurons rien encore; ce n'est, d'ailleurs, pas à nous qu'il promet ses révélations.

La Commission d'enquête a voulu découvrir ce secret, et son rapporteur, M. Vallé, exprimait sur un ton passablement découragé le regret de n'y être pas arrivé malgré tous ses efforts :

« **Nous aurions vivement désiré, disait-il, connaître les secrets qui existent entre de Reinach et Herz, nous aurions voulu apprendre à la Chambre des députés pourquoi le premier de ces hommes s'est mis si imprudemment et si entièrement entre les mains du second.** »

Eh bien! ce secret expliquerait peut-être la prise que Cornélius Herz avait sur Jacques de Reinach, prise telle que celui-ci ne s'appartenait plus, et que, jusqu'à son dernier soupir, il a cédé aux exigences de cet inflexible dominateur.

Heureusement pour nous, Messieurs, nous n'avons pas à chercher ici le mot de l'énigme, nous n'avons pas à dégager l'inconnu de ce procès; dans cette enceinte, nous n'avons à nous préoccuper que d'une question, celle de savoir si Cornélius Herz justifie être créancier de la succession Jacques de Reinach par une juste cause, et s'il a gagné légitimement la commission qu'il a reçue de Charles de Lesseps, aux frais de la Compagnie de Panama.

Avant d'entrer dans le détail des faits de la cause, je crois pouvoir dire que les moyens d'exception, que les fins de non-recevoir auxquels le défendeur fait appel, trahissent de sa part l'aveu implicite que rien ne lui a jamais été dû, soit par Jacques de Reinach, soit par Charles de Lesseps, et que, dès lors, ce qui lui a été versé, soit par l'un, soit par l'autre de ces deux hommes, est sujet à répétition comme indû. C'est là toute l'affaire ; c'est là l'unique point que vous ayez à résoudre.

Je dis, Messieurs, que si Cornélius Herz s'entoure de tant de fins de non-recevoir, c'est qu'il se rend compte du défaut de son bon droit, c'est qu'il n'a pas confiance dans sa cause au fond, parce qu'on ne défend avec tant d'ardeur les ouvrages avancés que lorsque le sort de la forteresse en dépend. Cornélius Herz se rend compte qu'il perd son procès sur le fond s'il le perd sur les fins de non-recevoir.

Franchissons donc, avant d'aborder le fond des choses, l'obstacle des moyens d'exception.

Premier moyen d'exception : M. Imbert ès qualité n'aurait pas qualité pour agir en justice. M. Cornélius Herz prétend que M. Imbert, administrateur provisoire désigné par le Tribunal à la requête des consorts de Reinach, n'a pas reçu de pouvoir d'introduire des procès. C'est la première fin de non-recevoir dont Cornélius Herz s'entoure : « J'ai en face de moi un homme qui ne peut pas me faire de procès, parce que ce n'est qu'un administrateur provisoire ».

Je fais d'abord remarquer que M. Imbert a reçu pour mission de réaliser l'actif, ce qui implique le droit de prendre des mesures conservatoires contre les débiteurs ou tiers détenteurs de biens appartenant en réalité aux débiteurs ; or, comment ne pas faire rentrer dans la classe des mesures de précautions appartenant à l'administrateur une instance ayant pour raison d'être la nécessité urgente de faire obstacle à la disposition des immeubles, sur lesquels la succession de Reinach prétend avoir un droit de gage général ?

On dit : « L'action en déclaration de simulation est une voie d'exécution, ce n'est pas une mesure simplement conser-

vatoire, **puisqu'elle tend à trancher fondamentalement une question de propriété immobilière...** » Et on vous dit : « **Voyez à quoi conduirait votre action : elle se résoudrait à l'expropriation de M**^{me} **Cornélius Herz; par conséquent, ce n'est pas une mesure simplement conservatoire, c'est une mesure éminemment exécutoire.** » Voilà le raisonnement qui a été tenu au nom de Cornélius Herz.

Je réponds : Qu'importe ! ce n'est pas au point de vue du défendeur qu'il faut se placer, c'est au point de vue du demandeur. Dans sa nature, dans son principe, l'action en déclaration de simulation est un acte de pure précaution qui garantit éventuellement la sécurité du créancier, mais qui n'a pas pour effet de le rembourser. Cette action ne conduit pas M. Imbert à son but final, qui est la répétition des millions indûment versés par de Reinach à Cornélius Herz. M. Imbert peut réussir dans cette action provisoire sans triompher dans la demande de paiement à introduire plus tard ; il ne s'agit que de s'assurer un gage et, comme je le disais tout à l'heure, un gage général dont les autres créanciers de Cornélius Herz profiteront à son défaut, si la succession de Reinach n'est pas ultérieurement armée d'un titre.

Par conséquent, Messieurs, si vous vous placez du côté de M. Imbert, la mesure a essentiellement un caractère provisoire ; peu importe dès lors que dans sa tendance, dans ses effets, dans ses résultats du moins, cette action ait un caractère exécutoire. Autrement, le débiteur profiterait de la fraude et c'est ce que la loi ne veut pas. Il en est de cette action comme de la saisie-arrêt, qui est un acte de précaution dans son principe et dans ses tendances; et serait-ce sérieusement qu'on voudrait interdire cette dernière action à un administrateur provisoire ! Donc il faut voir à l'action en déclaration de simulation la même portée, simplement conservatoire, qui caractérise la saisie-arrêt. M. Imbert avait par conséquent le droit d'agir; j'ajoute qu'il en avait le devoir strict, car, ayant affaire à de telles parties, la vigilance, la défiance et l'empressement étaient à l'ordre du jour.

Mais, Messieurs, si par impossible vous refusiez à M. Imbert les pouvoirs nécessaires pour introduire en son nom une action de cette tendance et de cette portée, et, si vous étiez plus frappés du caractère exécutoire de l'action en déclaration de simulation que de son caractère simplement conservatoire, l'action n'en serait pas moins recevable, puisque les héritiers de Reinach, relevant le défi de Cornélius Herz qui avait réclamé leur présence au débat, interviennent à l'instance et se joignent à M. Imbert si besoin est, pour requérir l'adjudication des conclusions prises par l'administrateur de la succession de leur auteur.

Autre obstacle : *Unâ viâ electâ. . . .*

Oh ! Messieurs, comme cet obstacle dressé sur la route de M. Imbert disparaît par suite d'un simple rapprochement de dates ! L'assignation de M. Imbert au civil a été lancée le 27 janvier, sa plainte au parquet est du 28 ; c'est donc en sens inverse qu'il y aurait litispendance, s'il y avait litispendance. Mais vous allez voir que dans aucun cas il ne peut y avoir litispendance, car M. Imbert pouvait, à son gré, saisir les deux juridictions, soit concurremment, soit dans un ordre successif. Pourquoi ? Parce qu'il leur demande des choses absolument différentes, ce qui le soustrait à la règle d'ordre public : « Le criminel tient le civil en état ».

On vous dit : « Pour trancher la question de simulation de vente d'immeubles, il faut que vous attendiez la décision du juge répressif saisi de l'affaire ». Je vous demande ce que cette sentence aurait à voir dans une question de simulation en matière de vente d'immeubles !

J'ajoute qu'il est de jurisprudence que l'exception du criminel tenant le civil en état ne s'applique pas à l'encontre d'une action simplement conservatoire. Il a été jugé que « lorsque celui qui s'est porté partie civile a formé, pour sûreté des dommages-intérêts qui pourraient lui être alloués, une saisie-arrêt entre les mains des créanciers du prévenu, le Tribunal civil, appelé à statuer sur la validité de la saisie-arrêt, ne doit pas surseoir jusqu'à la décision de la juridiction répressive ». Or, non seulement l'objet des deux actions n'a aucun rapport, mais encore aucune connexité ; aucun lien, direct ou indirect, ne rattache les difficultés relatives à un contrat d'immeubles à une action en extorsion de fonds.

M. Imbert demande à la juridiction correctionnelle que Cornélius Herz soit condamné à réparer les conséquences dommageables de faits délictueux commis à l'égard de de Reinach. Que demande-t-il à la juridiction civile ? Il demande de rétablir la vérité des faits dans un contrat d'acquisition d'immeubles, de déjouer la fraude commise par Cornélius Herz en dissimulant son actif sous le nom de sa femme. Les deux juridictions saisies portent leur examen sur des faits différents, et les décisions à intervenir, loin de pouvoir se contrarier, n'auront jamais l'une sur l'autre même l'effet d'un simple préjugé. Encore une fois, que Cornélius Herz soit coupable ou non d'extorsion de fonds ou d'escroquerie, qu'il soit indemne ou condamné au point de vue criminel, il n'en sortira aucune contradiction de la sincérité des énonciations dans les actes de vente incriminés.

Mais Cornélius Herz résiste encore — il résiste toujours ! — Il dit à son adversaire : « Vous n'êtes pas recevable à m'accuser de simulation ni de faux, car vous ne justifiez pas d'un titre de créance contre moi. »

L'examen de ce moyen touche par certains côtés au fond de l'affaire; mais, au seuil même de la discussion, il importe de préciser tout de suite un point hors de toute contestation selon moi : c'est que la succession de Reinach apparaît tout au moins comme créancière de la somme de 500,000 francs, montant d'un billet souscrit par Cornélius Herz au profit de Schwob le 11 juin 1886, dont les causes ont été soldées par Jacques de Reinach, qui avait cautionné Cornélius Herz, et qui avait été subrogé jusqu'à due concurrence dans les droits du créancier desintéressé. Donc, M. Imbert est créancier en vertu d'un titre paré, comme il résulte d'un acte reçu par M⁰ Pérard, notaire à Paris. Il est vrai que Cornélius Herz prétend que la créance résultant du remboursement à Schwob est éteinte par compensation. J'examinerai la légitimité de l'exception de compensation quand je serai parvenu à ce point de la discussion; pour le moment, je suis encore dans le domaine des fins de non-recevoir.

Je dois rappeler, dès à présent, qu'en dehors des 500,000 francs dont s'agit, la succession de Reinach se portera ultérieurement créancière d'une somme de deux millions que Cornélius Herz se serait fait remettre sans cause par de Reinach dans le courant de l'année 1888. Le fait matériel de ce versement de deux millions n'est pas dénié par le défendeur.

Enfin, la succession de Reinach invoque une créance éventuelle et présumée, indéterminée encore dans son chiffre, mais précisée dans son point de départ : celle qui résulte de la plainte en extorsion de fonds déposée par M. Imbert et sur laquelle une instruction est actuellement en cours.

Il ne m'appartient pas d'apprécier cette dernière prétention. Mais, me sera-t-il permis d'affirmer, comme un point dores et déjà acquis au débat, que la succession de Reinach a pour elle, tout au moins, une présomption de créance sur Cornélius Herz : 1° l'existence de l'acte instrumentaire de la créance Schwob; 2° le versement de deux millions non contesté dans sa matérialité. En attendant que Cornélius Herz en démontre le caractère inopérant et l'inanité, ces deux éléments constituent une cause de créance tout au moins présumée.

C'est tout ce qu'il suffit de dire, quant à présent, au point de vue de la légitimité de l'action en déclaration de simulation; il est inutile de refaire, après M⁰ Bouchez, l'exposé de la doctrine et de la jurisprudence sur l'action en déclaration de simulation, sur son origine dans l'article 1167, sur sa différence avec l'action paulienne, sur les conditions dans lesquelles elle appartient à un créancier : c'est une action conservatoire, tout au moins dans son principe, sinon dans ses effets; c'est une action qui, dès lors, est dispensée de l'existence d'un titre exécutoire, d'un droit certain et d'une créance exigible dans les mains de celui qui en fait usage; c'est une action qui, au rebours de l'action paulienne, peut être intentée par des créanciers postérieurs aux actes qu'ils entendent attaquer.

Pourquoi est-elle mise à la disposition des créanciers à terme, des créanciers conditionnels, des créanciers éventuels, des créanciers présumés? C'est parce que la fraude du débiteur, d'après M. Demolombe, met immédiatement le créancier en état de légitime défense; la simulation du débiteur ouvre tout de suite pour le créancier, même d'une dette incertaine et non liquide, le droit de parer, par le moyen d'une mesure préventive, à l'attaque qui met ses droits éventuels en péril. On peut dire que c'est le présent qui se défend contre une manœuvre qui menace l'avenir.

Cornélius Herz, dès 1888, a voulu se soustraire aux revendications futures des créanciers qu'il entrevoyait pour les années qui allaient suivre; d'où, le droit pour les créanciers de 1889 et de 1890 d'agir contre des actes qui, dans les précautions à longue portée de Cornélius Herz, d'avance leur faisaient grief et compromettaient leurs droits. Je ne fais que reproduire ici, en l'affaiblissant, la magistrale argumentation de M⁰ Bouchez.

Donc, Messieurs, M. Imbert est, à tous les points de vue, recevable dans son action contre Cornélius Herz.

Enfin, je puis maintenant aborder le vif et le fond du procès, et alors, je ne crains pas de le dire, ma tâche sera plus facile.

Si M. Cornélius Herz est battu sur les fins de non-recevoir, sa déroute est certaine pour le reste, et il s'en rend compte, puisque c'est lui-même qui va nous fournir les éléments de sa condamnation dans les deux procès.

Voyons l'affaire des immeubles. Il s'agit de maisons et de terrains, tous vendus en apparence à Mme Cornélius Herz seule ou assistée de son mari, pour des prix formant un total de 1,783,000 francs, du 29 octobre 1888 au 23 juillet 1890. On vous demande de dire que Mme Cornélius Herz n'a jamais été que la propriétaire apparente, comme personne interposée. Il s'agit donc d'opérer un petit changement matériel dans les contrats, de substituer comme acquéreur M. Cornélius Herz aux lieu et place de Mme Herz. La simulation ne touche pas à la totalité de l'acte, mais à la partie relative à la désignation de l'acquéreur.

La jurisprudence offre un exemple d'un acte déclaré fictif quant à la désignation d'une partie au contrat, l'autre partie de l'acte étant maintenue. Vous trouverez

dans le Dalloz cet arrêt (Dalloz, 1847, 4ᵉ partie, p. 342,
Cass., 25 janvier 1847). Vous direz donc que les maisons,
les terrains, les hôtels de l'avenue Henri Martin, de la rue
de la Faisanderie et du boulevard Flandrin, tout cet
ensemble d'immeubles considérables achetés au nom de
la femme, l'ont été en réalité pour le mari et de ses
deniers. Pourquoi ? Parce que c'est M. Cornélius Herz
qui l'a dit dans un mouvement de franchise qu'il doit
regretter, comme Talleyrand regrettait ses premiers mou-
vements parce qu'ils était bons ; mais vous devez retenir
ce premier mouvement parce que c'était le bon. Voici ce
qu'il disait le 13 décembre 1892 au président de la Commission d'enquête :

« **Messieurs, j'apprends que vous recherchez les bénéfi-**
« **ciaires des vingt-six chèques qui sont en la possession de**
« **M. Thierrée, et que celui-ci refuse de vous livrer. J'ap-**
« **prends d'autre part que MM. de Rothschild, de Paris,**
« **par un scrupule professionnel, n'ont pas cru devoir faire**
« **connaître la personne pour laquelle les deux chèques d'un**
« **million chacun ont été encaissés. Désireux de faciliter vos**
« **recherches et de ne pas permettre à vos soupçons de**
« **s'égarer, je m'empresse de vous faire connaître que c'est**
« **pour mon compte que ces deux millions ont été touchés.**
« **Je remercie MM. de Rothschild de leur excessive discré-**
« **tion, mais je n'ai aucune raison d'en profiter, et je tiens à**
« **vous faire connaître la vérité. J'étais créancier de M. de**
« **Reinach pour plus de deux millions, à la suite de diverses**
« **et nombreuses affaires dans lesquelles il avait été mon**
« **associé, entre autres des affaires de téléphones, de lu-**
« **mière électrique, de transmission de force par l'électricité**
« **(affaire Marcel Desprez), etc. M. de Reinach m'a payé sous**
« **cette forme en juillet 1888 une partie importante de ma**
« **créance. Je n'avais pas à lui demander la provenance de**
« **son argent, sa situation de banque ne pouvant inspirer**
« **aucune préoccupation. J'ai laissé cet argent chez MM. de**

« **Rothschild, de Francfort. J'ai fait un prélèvement quelques**
« **mois plus tard pour l'achat d'une maison à Paris**, par
« **l'intermédiaire de mon notaire, M⁴ Fontana, et dans le**
« **courant de l'année 1889 j'ai fait de nouveaux prélève-**
« **ments pour de nouvelles acquisitions d'immeubles, tou-**
« **jours par l'intermédiaire de Me Fontana. Donc, ces deux**
« **millions reçus en juillet 1888 et employés comme il vient**
« **d'être dit, ne sont pas suspects d'avoir servi aux affaires**
« **qui vous préoccupent. »**

Les allégations de ce télégramme étaient plus tard
rappelées et confirmées dans la lettre au grand chancelier de la Légion d'Honneur, le 17 janvier 1893, d'où j'ex-
trais le passage suivant :

« **Je vous envoie un compte établissant que j'ai employé**
« **cette somme en acquisitions d'immeubles et non à la corrup-**
« **tion de députés. »**

Voilà donc M. Imbert dispensé de prouver — ce qui
était une besogne infiniment difficile — que c'est M. Cornélius Herz qui avait l'argent, que c'est M. Cornélius
Herz qui en a fait l'emploi en l'acquisition de tels immeubles, par l'intermédiaire de tel notaire, dans les circonstances concordantes de temps et de lieu [énoncées par
l'assignation, puisque c'est M. Cornélius Herz lui-même
qui s'en charge.

Il est souvent malaisé de distinguer la simulation de la
réalité; grâce à la lettre de M. Cornélius Herz, on peut dire
que la simulation est flagrante.

Mais, dit-on au nom de Mme Cornélius Herz, il s'agit
d'immeubles achetés au grand jour, par une femme sépa-
rée de biens, entièrement maîtresse de ses droits d'après
le statut personnel qui la régit.

Messieurs, ce n'est pas une question de capacité qui
s'agite devant vous, c'est une question de sincérité, et

j'ajoute : qu'importent l'authenticité et la transcription des
actes ? on n'attaque pas les constatations faites par le
notaire pas plus que les mentions du bureau des hypothèques ; on s'en prend non aux actes eux-mêmes qui sont
corrects, réguliers, qui sont parfaitement faits par un
notaire, compétent, mais on s'attaque aux conventions
constatées par les actes, et on dit : la convention n'est
pas sincère. On dénonce, comme n'étant pas l'expression
de la vérité, la désignation de l'acquéreur faite à l'officier
public et aux représentants du fisc ; on vous demande de
souffler sur cette fausse apparence qui enveloppe la
convention et la dérobe aux créanciers ayant intérêt à la
percer à jour.

On ne vous demande pas l'anéantissement de chacun de
ces actes, fictifs seulement à l'égard de Mme Cornélius
Herz. Votre décision maintiendra l'effet juridique possible
de la translation de propriété qui a fait passer dans le
patrimoine de Cornélius Herz ces immeubles considérables,
devenus le gage de ses créanciers. Les immeubles ont été
acquis avec l'argent des créanciers, vraisemblablement
avec l'argent du Panama — c'est du moins M. Lemarquis
qui le dit — il est juste que les créanciers profitent du
marché.

Mais non, vous dit-on encore au nom de Mme Cornélius
Herz, ces immeubles sont réellement passés dans le patrimoine de la femme. Il est vrai qu'ils ont été acquis des
deniers du mari, mais celui-ci a voulu les attribuer à titre
de douaire à sa femme, de façon à crér à Mme Herz, pour
les temps difficiles, une réserve de famille et une anticipation sur les dispositions testamentaires de M. Cornélius
Herz, qui seraient d'ores et déjà très libérales.

Rien de plus touchant, Messieurs, que cette générosité
conjugale. Il s'agirait d'une donation faite par un mari à sa

femme, et vous entendez bien le système. Mais M⁰ Bouchez de vous dire : « Dans ce cas l'acte serait sérieux, sincère, alors je l'attaquerais comme dolosif, comme frauduleux, comme nuisible aux intérêts des créanciers, et ce en vertu de l'action paulienne à laquelle subsidiairement je me rattache ; ce serait le moyen par lequel je ferais tomber l'acte qui, s'il n'est pas fictif, est au moins dommageable aux créanciers dont je représente les intérêts. »

Il n'y a même pas lieu d'examiner ce moyen parce qu'il n'est pas soulevé. C'est seulement en plaidoirie que les habiles et éloquents défenseurs du ménage ont parlé de l'opération de M. Cornélius Herz vis-à-vis de sa femme. Mᵐᵉ Cornélius Herz dans ses écritures n'y fait pas plus allusion que son mari.

Eh bien! il faut prendre les systèmes des plaideurs tels qu'ils sont, dans leur entier. Mᵐᵉ Cornélius Herz se donne comme ayant acheté les immeubles et comme les ayant payés de ses deniers. Voilà l'énonciation qu'il faut combattre, énonciation qui est fausse ; c'est la seule énonciation qui subsiste par les conclusions, il n'y a pas une énonciation subsidiaire. Mais en fût-il autrement, alors ce serait le ménage Herz qui plaiderait contre le contenu des actes authentiques et allèguerait l'existence d'une libéralité dissimulée sous l'apparence d'un contrat à titre onéreux.

Laissons cela. Vous accueillerez l'action en déclaration de simulation, sans faire état du subsidiaire, de l'action paulienne, qui n'a rien à voir en matière de simulation, et comme le dit la jurisprudence, de « déguisement » ; car c'est le mot caractéristique qui se trouve dans certains arrêts, le déguisement qui n'est pas absolument la même chose que la fraude. La fraude est constituée par un acte sincère et sérieux qui dépouille les créanciers par la transmission en dehors du patrimoine du débiteur, mais le déguisement, c'est l'apparence, c'est le mensonge, c'est la fiction, ce n'est pas la même chose que la fraude.

Dès lors, Messieurs, je dis que l'acte tombe de lui-même, en partie du moins, à cause du vice, du mensonge qui l'infecte; il n'y a pas à le faire tomber ou plutôt à le révoquer à raison seulement de son effet dommageable aux créanciers, il est défectueux en soi, il a une cause intrinsèque d'invalidation.

C'est ici que revient l'objection fondamentale dont j'ai parlé en examinant les fins de non-recevoir. Pour exercer l'action en déclaration de simulation, il faut être tout au moins créancier éventuel; or, loin de concéder à M. Imbert que celui-ci soit son créancier éventuel, M. Herz prétend et soutient — avec quelle énergie, vous vous le rappelez — que c'est au contraire M. Jacques de Reinach qui est resté son débiteur, et son débiteur non libéré encore par le versement de douze millions; car, d'une part, la créance Schwob aurait été éteinte par compensation, et quant aux deux millions dont la restitution sera réclamée par la succession de Reinach, ils ont été versés, dit Cornélius Herz, en l'acquit d'une dette constatée par la reconnaissance formelle d'un débiteur qui, pour avoir été récalcitrant, n'en a pas moins avoué le principe de l'obligation dont il était tenu, tout en n'étant pas d'accord sur le quantum avec celui vis-à-vis duquel il l'avait contractée.

Donc, dit Cornélius Herz, pas de créance actuelle fondée en titre vis-à-vis de moi, pas de créance certaine résultant de l'acquit des deniers du débiteur.

Quant à la créance éventuelle et indéterminée dans son chiffre, laquelle peut être engendrée par la plainte en extorsion de fonds, Cornélius Herz l'écarte en soutenant

que toutes les sommes payées étaient dues, et que, pour
en déterminer le versement, il n'a eu recours qu'à des
menaces de poursuites par les voies de droit.

Veuillez bien retenir, Messieurs, avant d'entrer dans le
détail de la discussion, qu'il ne peut pas être question de
faire une balance de compte exacte entre les deux financiers, mais qu'il s'agit uniquement de savoir de quel côté
est la présomption de créance. La succession de Reinach
ne demande actuellement aucun paiement. Cornélius Herz
en tire une vraisemblance à son profit. Mais, dans le
domaine des vraisemblances où il nous convie d'entrer,
nous allons voir si le plateau Herz est plus lourd que le
plateau succession de Reinach, ou si la balance ne penche
pas au contraire du côté de la succession de Reinach.

La créance Schwob serait éteinte par compensation, dit
Cornélius Herz, 469,000 francs ont été remboursés à
M. Schwob par M. de Reinach pour le compte de Cornélius Herz ; Jacques de Reinach, sur la demande de Cornélius Herz, cautionnait ce dernier par acte notarié du
4 novembre.

Du côté de M. Imbert, on représente et on fait usage
en justice de l'acte instrumentaire et de la pièce justifica-
tive de la créance réclamée. Il s'agit d'une créance certaine, d'une créance liquide.

Cornélius Herz excipe de la compensation ; il est donc
demandeur à la compensation, c'est à lui de faire la
preuve. Or, comment fait-il la preuve ? Où sont, de son
côté, je ne dis pas les actes passés en l'étude d'un notaire,
je ne suis pas aussi exigeant, mais les règlements de
comptes ou les reconnaissances du débiteur prétendu ?
Il n'y a rien, tout manque. Pourquoi ? Parce qu'il n'y a ni
représentation matérielle des originaux, ni usage en jus-

tice des photographies, des images, comme on disait aux dernières audiences.

Si ces pièces avaient été réellement produites, elles auraient amené de la part de l'administration de l'enregistrement des perceptions considérables devant lesquelles Cornélius Herz a pris le parti de reculer, malgré la vertu toute-puissante de ces documents qu'il se réserve de produire quand il lui plaira, afin de faire luire la lumière dans les ténèbres de ses opérations.

Son éloquent avocat, plus brave que lui, comme toutes les personnes qui sont sans reproche, les a lues et analysées, mais sans que le parti qu'il en a tiré en plaidoirie puisse être considéré comme un usage en justice.

L'avoué de la cause, plus circonspect, craignant l'écho de ces lectures dans l'Hôtel de la Direction de l'Enregistrement, a cru devoir, par des conclusions prises le 11 janvier 1894, au cours des débats, retirer formellement ces pièces, si tant est qu'elles eussent été produites.

« **Attendu, disent ces conclusions, que le concluant ne verse « et n'a besoin de verser aucune pièce aux débats devant le « Tribunal de céans.** »

Vous entendez, Messieurs, « devant le Tribunal de céans ». c'est-à-dire que Cornélius Herz réserve aux magistrats anglais la production gratuite de ces titres si bruyamment annoncés. Il ne nous connaît pas.

Eh bien ! nous ne le connaissons pas non plus dans ces documents, et nous lui disons. nous, les magistrats de « céans » : Pas de compensation, car, pour la production de ce phénomène juridique, il faut deux dettes, l'une et l'autre liquides et exigibles ; or, une dette non établie, une dette sans cause et sans fondement, une dette simplement alléguée, n'est pas exigible.

Et cependant. Messieurs, j'ai bien envie de discuter les

prétentions du défendeur avec les pièces qui vous ont été lues, et dont le souvenir n'a pu s'effacer de vos esprits, grâce au talent de celui qui vous les a fait connaître; ou plutôt, je ne les discute pas, ces pièces, j'en concède le contenu, mais je n'en concède pas la portée, et vous allez voir comment.

Je me rappelle que ces documents, émanés de M. Jacques de Reinach depuis 1888, tendent à prouver l'extinction de la créance Schwob par compensation, et un règlement constituant M. Jacques de Reinach débiteur de 10 millions.

J'admets cela; mais qu'est-ce que cela prouve dans une affaire comme celle-ci? Sur quoi discute-t-on, sinon sur la légitimité et les causes de la créance prétendue de Herz sur le baron de Reinach? Je vous demande un peu quel intérêt et quelle portée ont au débat des reconnaissances quand il y a eu paiement! M. de Reinach a payé, c'est plus que reconnaître sa prétendue dette, et ce paiement serait décisif s'il s'agissait d'un autre créancier que Cornélius Herz; mais vous n'oublierez pas que c'est précisément de ce paiement que la succession de Reinach prétend tirer le principe d'une créance de remboursement contre Cornélius Herz.

Deux journaux du matin ont publié, il y a quelque temps, une lettre adressée par le baron de Reinach à Cornélius Herz, établissant la compensation et réglant à forfait ce que l'une de ces feuilles appelle « les multiples et mystérieuses opérations des deux financiers; » et, en outre, une reconnaissance de deux millions souscrite par M. Jacques de Reinach à Cornélius Herz. Les photographies de ces pièces sont exposées dans la salle des dépêches d'un de ces journaux. Je n'ai pas cru devoir les consulter à l'endroit où ce journal nous conviait à aller les voir, parce que je savais ce qui s'y trouve, et que je savais également ce qui ne s'y trouve pas : je sais que ce qui ne s'y trouve pas, c'est quelque chose qui nous éclaire sur la cause des engagements que ces pièces constatent.

Je me rappelle parfaitement que, dans aucune des pièces lues et analysées par M⁰ Clunet, ne se rencontre aucune indication du principe de la dette réclamée, de même que jamais, dans aucune lettre de Cornélius Herz, on n'aperçoit la trace d'une avance d'argent faite par lui à M. de Reinach, ou d'un service avouable par lui rendu au même.

Comme le dit le journal, ce sont des opérations « mystérieuses ». Eh bien ! la loi, la loi française du moins, n'aime pas le mystère sur la cause des obligations, et si Cornélius Herz ne connaît pas la législation française, on peut la lui apprendre : le législateur français n'admet pas que la cause des obligations se dérobe dans le mystère et dans l'inconnu.

Qu'importe que M. de Reinach ait multiplié ses reconnaissances et se soit livré pieds et poings liés à Cornélius Herz dans des réglements de comptes où, depuis 1888, il apparaît toujours débiteur, et jamais créancier ! Plus on apportera de pareilles pièces, plus on fortifiera la thèse de la succession de Reinach.

Pour faire justice de la demande introduite contre lui, Cornélius Herz, dans des conclusions du 11 janvier dernier, dit qu'il lui suffit d'affirmer sans craindre d'être démenti que M. de Reinach n'a jamais contesté le principe de sa dette. Eh bien ! il devrait nous faire connaitre en quoi consiste le principe de cette dette ; ce n'est pas parce qu'une obligation n'est pas contestée par celui à qui on l'oppose qu'elle puise sa source dans une cause réelle et valable d'engagement, et qu'elle est sanctionnée par des textes juridiques créant des liens de droit.

Ainsi pour les deux millions indûment payés que la succession de Reinach fait entrer en ligne de compte dans le procès actuel, vainement Cornélius Herz prétend qu'en les versant, M. Jacques de Reinach s'est libéré d'une dette valable, il néglige de dire à la succession de Reinach, qui en ignore, quel était le fondement de cette dette. La prétendue cause de cette créance de deux millions est d'autant plus suspecte que Cornélius Herz n'a donné aucun reçu du versement de la somme.

Vous vous rappelez, Messieurs, comment on a su la remise de ces deux millions entre les mains de Cornélius Herz : La commission d'enquête cherchait, elle ne trouvait pas tout ce qu'elle recherchait ; elle découvrait que, le 17 juillet 1888, le baron de Reinach avait remis à la maison Thierrée un chèque de 3,390,475 francs, tiré par la Compagnie de Panama sur la Banque de France, et qu'il en avait demandé et obtenu la contrepartie en 26 chèques. On recherchait les noms des titulaires de ces 26 chèques. Parmi ces 26 chèques, deux d'un million chacun avaient été encaissés par la maison Rothschild, laquelle, par un scrupule professionnel, refusait de dire pour le compte de qui elle les avait encaissés. C'est alors que Cornélius Herz, dans un télégramme adressé à la commission d'enquête, déclare, le 3 décembre 1892, que c'est pour son compte que les deux millions ont été touchés :

« J'étais, dit-il, créancier de M. de Reinach pour plus de deux millions à la suite de diverses et nombreuses affaires dans lesquelles il avait été mon associé, entre autres des affaires de téléphones, de lumière électrique, de transmission de la force par l'électricité (affaire Marcel Desprez), etc. M. de Reinach m'a payé sous cette forme, en juillet 1888, une partie importante de ma créance. »

Ah! Messieurs, que voilà une explication qui n'explique rien ! Est-ce là nous renseigner sur la cause de la créance? « J'ai fait des affaires, diverses, nombreuses », « multipliées et mystérieuses » dit-on ailleurs... Est-ce une explication suffisante? est-ce la révélation qu'on est en droit d'attendre?

Ici, je vais au-devant d'une objection. Qui doit prouver l'absence de cause? est-ce le créancier, ou le débiteur? M. Dalloz et MM. Aubry et Rau expriment cette opinion que, lorsque la cause d'une obligation n'est pas énoncée, c'est au créancier à prouver que l'obligation est fondée sur une cause licite; mais la Cour de cassation, se fondant sur l'article 1142, met au contraire à la charge du débiteur la preuve de la cause nulle ou illicite.

La succession de Reinach me paraît faire ici la preuve du défaut de cause des deux millions payés en chèques Thierrée et dont la répétition sera ultérieurement réclamée. Eh bien ! pour ces deux millions, l'administrateur de la succession de Reinach n'a qu'une chose à invoquer, c'est le mystère même de l'opération joint à l'absence volontaire d'explications suffisantes de la part du prétendu créancier.

J'y ajoute une autre circonstance bien significative et qui donne à penser : c'est l'absence complète de comptabilité et de reçus de ce prétendu créancier, alors qu'il faudrait justifier le solde créditeur inépuisable de l'un en face du solde débiteur non moins inépuisable de l'autre.

Produire des comptes, produire des livres, impossible : il n'y en avait pas! Quels singuliers financiers! me direz-vous.

Messieurs, le vrai peut quelquefois n'être pas vraisemblable. Dans la commission d'enquête, des hommes qui les connaissaient tous les deux en ont déposé. M. Andrieux disait : « Ces hommes faisaient entre eux des affaires sans livres, sans comptabilité.» M. Chabert est plus catégorique encore : « Chaque fois, la remise des fonds avait lieu sans reçu, il n'y a jamais eu de reçu, je n'ai jamais vu de comptabilité ; ces Messieurs déclaraient un jour que leurs comptes étaient terminés, le lendemain ils entreprenaient de nouvelles affaires et cela continuait. » M. Schwob donne le dernier coup de pinceau à la situation en disant: « M. Herz n'avait pas de comptabilité, il jetait toutes les pièces dans un tiroir. »

Par conséquent, Cornélius Herz aura beau parler d'affaires faites avec Jacques de Reinach et de participations, on se demandera toujours comment des opérations faites en commun ne deviennent une source de bénéfices que pour Cornélius Herz. Or, comme c'est précisément dans le bilan de ces affaires que Cornélius Herz place l'origine et la cause de ses créances prétendues, on aura toujours le droit de tenir pour suspecte dans son principe une obligation qui ne peut être prouvée par des écritures régulières.

Le Tribunal remarquera avec quel soin j'évite dans le cours de ma discussion de prononcer des mots autres que ceux qui se trouvent dans le Code civil; c'est le Code civil qui est mon seul arsenal. Il y a une poursuite correctionnelle pour extorsion de fonds, je n'en parle pas; il n'y aurait pas de poursuite correctionnelle que je dirais la même chose et tiendrais les mêmes raisonnements. Où est la cause de ces paiements de douze millions par lesquels Jacques de Reinach n'a fait que diminuer sa créance? Ces douze millions ne sont que des acomptes à chaque ligne de ses écritures. Où est, je le répète, la cause de cette obligation de douze millions?

Il ne suffit pas de dire simplement qu'il y avait un motif. On vous dit : Oh! il y avait un motif, M. de Reinach ne se serait pas engagé s'il n'y avait pas eu de motif.

Parlons, Messieurs, le langage du droit, ne parlons pas le langage du monde. Le motif déterminant et peut-être inavouable du pacte intervenu entre Cornélius **Herz** et Jacques de Reinach n'a rien à voir avec la cause juridique, avec ce que les Romains appelaient : *obligatio civilis*. Ce sont des principes élémentaires de notre législation civile.

Mais, vous dit Cornélius **Herz**, il a reconnu à diverses reprises ma créance !

Peu importe, si la cause est illicite.

Mais, dit-il encore, il m'a payé!

Peu importe s'il a payé, car l'exécution d'une obligation sans cause n'a pas pour effet de la ratifier.

Il a payé, dit Cornélius Herz, donc il devait!

Messieurs, l'article 1235 du Code civil montre ce qu'il faut penser du paiement comme preuve d'existence d'une dette; le paiement n'implique pas nécessairement la dette, puisque le Code prévoit le cas où le paiement a porté sur ce qui n'était pas dû, et qu'alors il ouvre le droit à la répétition.

Donc, on peut dire à Cornélius Herz : Plus vous démontrerez que M. de Reinach vous a payé, plus vous ferez la démonstration de votre dette vis-à-vis de lui, tant que vous n'aurez pas fait luire sur la cause d'une obligation aussi onéreuse la lumière qui ne peut venir que de vous, puisque M. Jacques Reinach a emporté dans la tombe le secret de vos opérations communes.

Voyons, il s'agit d'expliquer comment, de 1888 à 1892, M. de Reinach qui, jusqu'à cette période, apparaissait comme créancier de Cornélius Herz, a abandonné peu à peu, morceau par morceau, toute sa fortune, payant toujours et ne se libérant jamais, quoiqu'il payât toujours *pour solde*. La succession de J. de Reinach a le droit de demander quel était le secret de cette dette qu'il était impuissant à éteindre malgré les millions qu'il versait !

Les affaires en participation de Cornélius Herz, la transmission de la force par l'électricité, les téléphones, la lumière électrique, l'affaire Marcel Desprez, tout cela n'explique rien ; tous ces réglements de comptes, au bas desquels les millions s'accumulent, n'expliquent pas comment Cornélius Herz, obligé, pour n'être pas saisi, d'emprunter à M. de Reinach en 1887, devenait, par un retour de fortune fantastique, son créancier de sommes considérables en 1888.

Il y a là un inconnu qu'il appartenait à Cornélius Herz de dégager et qu'il n'a pas dégagé ; le liquidateur de la succession de Reinach a le droit de prendre acte de ce mystère pour faire tomber une obligation sans cause ou ayant une cause inavouable, innommable.

. . . .

. . . .

. . . .

Le procès intenté par la succession de Reinach n'a d'autre but que de déjouer les artifices qui diminuent le gage d'une créance tout au moins éventuelle, ni M. Imbert, ni les héritiers bénéficiaires de la succession de Reinach ne sollicitent, quant à présent, une condamnation au paiement d'une somme quelconque ; ils prennent une sûreté, et cette sûreté doit leur être d'autant plus facilement accordée qu'elle n'engage en rien le fond, et que les demandeurs, à supposer qu'ils ne réussissent pas plus tard dans leurs poursuites en restitution de tous les millions indûment versés par leur auteur, auront fait l'affaire des autres créanciers reconnus légitimes de leur adversaire. Par conséquent, M. Imbert aura travaillé pour les autres créanciers.

Il n'est donc pas possible de paralyser l'action de M. Imbert par l'exception de la cause pendante au criminel, puisque, encore une fois, la simulation d'une vente d'immeubles qui est soumise à votre appréciation n'est, ni de près, ni de loin, du ressort du juge répressif. De sorte que, si vous ne jugiez pas la question qui vous est soumise, cela constituerait de votre part, dans l'impossibilité où se trouveraient les demandeurs de s'adresser à une autre juridiction, un véritable déni de justice.

On dit au nom de Mme Herz : « La mesure est inutile, il n'y a pas de péril, la vente par Mme Herz de ces immeubles serait irréalisable, et, dut-elle, par impossible, se produire, le prix en serait aisément saisi-arrêté. »

J'estime, Messieurs, qu'il faut se méfier de la manière subreptice dont Cornélius Herz encaisse l'argent; avec lui, les millions peuvent se volatiliser, et il n'y a que les biens au soleil qui peuvent offrir des garanties sérieuses aux créanciers.

Avant de m'asseoir, permettez-moi d'ajouter un dernier mot. La justice ne connait qu'elle-même ; elle est indifférente aux considérations extérieures et du moment. C'est vainement que le réfugié de Bournemouth cherche à peser sur elle à distance par des menaces de révélations; cet essai d'intimidation est aussi inutile qu'odieux! La justice n'entend et ne voit rien en dehors des faits litigieux qui lui sont déférés par les plaideurs.

JUGEMENT

Audience du 15 Février 1894

« Le Tribunal :

« Joint les causes, attendu leur connexité, et statuant sur le tout par un seul et même jugement :

« Attendu que, suivant divers contrats reçus par Fontana, notaire, de 1888 à 1890, la dame Cornélius Herz a, soit seule, soit avec l'assistance et l'autorisation de son mari, acquis de différentes personnes, moyennant des prix qui se sont élevés au total de 1,783,000 francs et qui ont été intégralement payés, savoir : 1° Le 2 octobre 1888, une maison de rapport, avenue Henri-Martin, n° 78 ; 2° Le 17 juin 1889, un terrain, rue de la Faisanderie, n° 84 ; 3° Le 24 janvier 1890, un hôtel, rue de la Faisanderie, n° 82 ; 4° Le 31 mars 1890, un immeuble, rue de la Faisanderie, n° 90 ; 5° Le 26 juin 1890, un hôtel, boulevard Flandrin, n° 4 ; 6° Le 27 juin 1890, une propriété, rue de la Faisanderie, n° 88 :

« Qu'Imbert, agissant en sa qualité d'administrateur provisoire de la succession du baron de Reinach, laquelle serait créancière de Cornélius Herz pour des sommes importantes, soutient que la dame Cornélius Herz ne serait que propriétaire apparente de ces immeubles; que le prix en aurait été, en réalité, payé par Cornélius Herz de ses propres deniers et que celui-ci n'en aurait fait l'acquisition sous le nom de sa femme que dans le but de soustraire, à l'aide de cette interposition de personnes, une partie de son patrimoine à l'action de ses créanciers ;

« Qu'il demande, en conséquence, au Tribunal, de décider que les immeubles dont il s'agit appartiennent à Cornélius Herz; de déclarer, en tant que de besoin, nuls, comme faits en fraude des droits des créanciers de celui-ci, les actes attribuant la propriété desdits immeubles à la dame Cornélius Herz; de condamner cette dernière à en restituer les fruits à partir de son entrée en jouissance et d'ordonner la transcription du jugement à intervenir aux bureaux des hypothèques de la Seine; qu'il demande, en outre, la condamnation solidaire des époux Cornélius Herz à des dommages-intérêts à fournir par état ;

« Que Mouchicourt et Gautron, d'une part, et Lemarquis, d'autre part, en leurs qualités respectives, les premiers de liquidateurs judiciaires de la Compagnie du Canal interocéanique de Panama, et le dernier de mandataire des porteurs d'obligations de la même Compagnie, qu'ils prétendent être elle-même créancière de la succession de Reinach, et enfin, les héritiers bénéficiaires de Jacques de Reinach, sont intervenus dans l'instance et ont déclaré se joindre à la demande formée par Imbert, ès qualités;

« Que Lemarquis conclut, en outre, subsidiairement

à ce que les immeubles dont il s'agit soient placés sous séquestre ;

« Qu'Imbert, tout en se réservant de discuter le principe et la qualité de la créance de la liquidation de Panama contre la succession de Reinach, déclare s'en rapporter à justice sur ces diverses interventions ;

« Que Cornélius Herz et la dame Cornélius Herz opposent, tant à la demande d'Imbert qu'aux conclusions prises par les intervenants, diverses exceptions et fins de non-recevoir ;

« Attendu, quant à la fin de non-recevoir tirée par Cornélius Herz de ce qu'Imbert n'aurait pas qualité pour introduire des actions en justice, que l'ordonnance du 22 novembre 1892, chargeant celui-ci de gérer et d'administrer tant activement que passivement les communauté et succession de Reinach, aussi bien que les jugements de la Chambre du Conseil des 22 décembre et 10 février suivants, confirmant et prorogeant ses pouvoirs, l'ont autorisé d'une manière générale à prendre toutes mesures conservatoires nécessaires ayant un caractère d'urgence ;

« Que l'instance actuelle, dans les termes où elle a été engagée et poursuivie, a pour but de mettre obstacle à la libre disposition par la dame Cornélius Herz d'immeubles acquis avec les fonds de son mari et qui suivant la prétention d'Imbert constitueraient le gage de la succession de Reinach ; que, quelles que puissent être les conséquences des décisions et des mesures sollicitées, au regard des détenteurs, elles ont, en ce qui concerne la succession de Reinach et ses créanciers, un caractère essentiellement conservatoire ; que toutes les circonstances de la cause et l'attitude même de Cornélius Herz en démontrent suffisamment la nécessité et l'urgence ; que ladite instance rentre, dès lors, dans la catégorie des actes permis et même prescrits à l'administrateur judiciaire par les ordonnances et jugements ci-dessus rappelés ;

« Qu'il est, en conséquence, inutile d'examiner quant à présent si le pouvoir d'administrer, tant activement que passivement, une succession, conféré à un administrateur judiciaire à la requête des ayants droit pendant les délais pour faire inventaire et délibérer, n'implique pas nécessairement pour cet administrateur le droit et le devoir de réaliser l'actif et de poursuivre à cet effet tous débiteurs comme pourraient le faire les héritiers qu'il représente ;

« Qu'au surplus, la fin de non-recevoir opposée de ce chef à l'action d'Imbert est aujourd'hui sans intérêt comme sans portée, par suite de l'intervention des héritiers bénéficiaires du baron de Reinach ;

« Qu'il n'y a donc pas lieu de s'y arrêter ;

« Attendu qu'il en est de même de celle tirée de la plainte adressée par Imbert au Procureur de la République ;

« Que cette fin de non-recevoir manque de base en fait ;

« Que, d'une part, en effet, l'assignation d'Imbert a été signifiée le 27 janvier 1893, antérieurement à sa plainte, qui n'a été déposée que le 28 janvier ;

« Que, d'autre part, les créances en vertu desquelles il agit remontent à 1885 et 1888, tandis que la plainte ne relève que des faits postérieurs au commencement de l'année 1890 ;

« Que la maxime *una via electa, non datur recursus ad alteram* est donc invoquée à tort ;

« Que cette maxime n'est, d'ailleurs, applicable qu'autant que la plainte et la demande ont à la fois la même cause et le même objet ; que tel n'est pas le cas, dans l'es-

pèce, la plainte ayant pour cause des faits d'extorsion
remontant à moins de trois ans et pour objet la réparation du préjudice que ces mêmes faits avaient causé au
baron de Reinach, tandis que la demande soumise au Tribunal a pour cause des avances ou paiements faits depuis
plus de trois ans et pour objet direct et unique le redressement de la simulation dont seraient entachées les
acquisitions d'immeubles faites au nom de la dame Cornélius Herz ;

« Attendu que des raisons analogues s'opposent à l'admission de l'exception de sursis tirée de l'article 3 du
Code d'instruction criminelle ;

« Que la disposition de cet article, d'après laquelle
l'exercice de l'action civile est suspendu tant qu'il n'a
pas été prononcé définitivement sur l'action publique
intentée avant ou pendant la poursuite de cette action,
doit s'entendre non pas de toutes les actions dont la personne prévenue d'un délit peut être l'objet, mais seulement de l'action en réparation du dommage causé par le
fait poursuivi ;

« Que le sens des mots « action civile » est, en effet,
précis et limité par les articles 1 et 2 et par les deux premiers paragraphes de l'article 3, qui permettent de porter
indifféremment cette action devant la juridiction civile ou
devant les Tribunaux de répression ;

« Qu'étendre la disposition dont il s'agit aux actions
conservatoires qui ont pour objet, soit d'empêcher le prévenu de soustraire son avoir aux revendications de ses
créanciers, soit, comme dans l'instance actuelle, de faire
rentrer dans le patrimoine, qui est leur gage, des biens ou
des valeurs frauduleusement dissimulés, ce serait priver,
contre toute justice, la victime d'un délit, pendant tout le
cours d'une procédure criminelle qu'il ne dépend pas

d'elle d'activer, des droits qui dérivent, au profit de tout créancier, sur le patrimoine entier de son débiteur, des articles 2092 et 2093 du Code civil, puisque ces actions, d'autant plus nécessaires que le débiteur est plus suspect, ne sont pas de nature à être soumises au Tribunal saisi de l'action publique ;

« Qu'il n'y a pas lieu, en conséquence, d'accueillir l'exception de sursis proposée ;

« En ce qui touche la fin de non-recevoir tirée de ce qu'Imbert n'établirait pas que la succession de Reinach soit créancière de Cornélius Herz :

« Attendu qu'à la différence de l'action paulienne, laquelle n'appartient qu'à ceux auxquels l'acte attaqué cause un préjudice actuel, l'action en déclaration de simulation ayant pour but, non pas de faire tomber d'une façon absolue les actes contre lesquels elle est dirigée, mais de leur restituer leur véritable caractère, peut être exercée par tous ceux qui ont un intérêt même simplement éventuel à rétablir la vérité des faits et à déjouer par avance une fraude organisée en vue de l'avenir ; que celui qui l'exerce n'a donc besoin de justifier ni d'un titre exécutoire ni même d'une créance actuelle certaine, liquide et exigible ; qu'il lui suffit d'invoquer une créance éventuelle ou même une présomption sérieuse de créance ;

« Attendu qu'Imbert établit : 1° que Jacques de Reinach a, de 1887 à 1889, payé en l'acquit de Cornélius Herz une somme de 469,735 fr. 45 c., sur les causes d'un billet souscrit par ce dernier au profit d'un sieur Schwob et qu'il a été subrogé dans les droits de celui-ci ; 2° que, le 19 juillet 1888, Cornélius Herz, qui l'a d'ailleurs reconnu, a touché du baron de Reinach, en deux chèques sur la banque Thierrée, une somme de 2.000,000 ;

« Que, de ces deux chefs tout au moins, la succession de Reinach doit, dès à présent, être présumée créancière de Cornélius Herz; que ce dernier soutient, il est vrai, que, postérieurement au paiement fait à Schwob, il serait devenu lui-même créancier du baron de Reinach; que la créance résultant de ce paiement au profit de celui-ci, se serait ainsi trouvée éteinte par compensation et que le paiement de 2,000,000 n'aurait été lui-même qu'un acompte sur une dette plus considérable;

« Mais, attendu qu'il ne produit aucun titre à l'appui de ses prétentions;

« Que, s'il a été fait allusion dans les plaidoiries à certains écrits émanés du baron de Reinach, ces écrits, que l'on reconnaît n'avoir pas été enregistrés, ne sont pas représentés; qu'ils n'ont pas été visés, ni même mentionnés dans les écritures du procès; que l'article 47 de la loi du 22 frimaire an VII interdirait en tous cas au Tribunal d'en faire état, avant que satisfaction ait été donnée, en ce qui les concerne, à la loi fiscale;

« Que les défendeurs opposent vainement aux présomptions de créance invoquées par Imbert les présomptions contraires qui résulteraient, suivant eux, soit de la correspondance de Jacques de Reinach ou de tous autres documents visés dans les instructions criminelle et correctionnelle, soit de paiements postérieurs faits par Jacques de Reinach à Cornélius Herz;

« Que ces documents et ces faits ne sauraient être utilement invoqués par Herz qu'à la condition d'établir autrement que par de simples affirmations que les paiements et les prétendus engagements auxquels ils correspondraient avaient une cause réelle et licite; que cette démonstration serait d'autant plus nécessaire, dans l'espèce, que l'action correctionnelle dirigée contre lui a précisément pour base le caractère illicite des engagements dont il s'agit et la cause inavouable des paiements faits par le baron de Reinach ;

« Qu'il y a donc lieu d'écarter la fin de non-recevoir opposée de ce chef à l'action du demandeur originaire ;

« Que cette fin de non-recevoir, non plus que les deux précédentes, ne saurait, par le même motif, être opposée à l'intervention de Monchicourt et Gautron, de Lemarquis et des héritiers bénéficiaires de Reinach ;

« Que vainement, d'autre part, les défendeurs cherchent à faire écarter l'intervention des premiers, par ce motif que la succession de Reinach, leur débitrice, agirait elle-même ;

« Que par cela seul que Monchicourt, Gautron et Lemarquis ont intérêt à voir rentrer dans le patrimoine de leur débiteur commun les immeubles acquis aux termes des contrats argués de simulation par Imbert, ils ont qualité pour intervenir dans une instance dont le résultat pourrait leur préjudicier ; que leur intervention est justifiée par cet intérêt même et qu'ils n'excipent pas et n'ont pas besoin d'exciper de l'article 1166 du Code civil ;

« Au fond :

« Attendu que, dans une lettre adressée au président de la Commission d'enquête le 13 décembre 1892, Cornélius Herz a reconnu que, sur les deux millions à lui payés par le baron de Reinach au mois de juillet 1888, il avait fait un prélèvement quelques mois plus tard pour l'achat d'une maison à Paris par l'intermédiaire d'un notaire, Me Fontana, et que dans le courant de l'année 1889 il avait fait d'autres prélèvements pour de nouvelles acquisitions d'immeubles, toujours par l'intermédiaire de Me Fontana ;

« Qu'il a confirmé et renouvelé ces déclarations dans une lettre adressée au grand-chancelier de la Légion d'honneur, le 17 janvier 1893 ;

« Qu'il est ainsi établi, par l'aveu même de Cornélius Herz, que c'est bien de ses deniers qu'ont été payés les prix des divers immeubles acquis sous le nom de sa femme ;

« Que le fait n'a d'ailleurs pas été contesté à l'audience et que Cornélius Herz se borne à soutenir qu'il aurait agi dans la plénitude de son droit en constituant, sur une fortune exposée à l'aléa des affaires, une réserve pour sa famille ;

« Qu'il ressort de ces déclarations mêmes que l'acquisition sous le nom de la dame Cornélius Herz, personne interposée, des immeubles dont il s'agit, a été combinée par Cornélius Herz en vue de mettre une partie de sa fortune à l'abri des revendications qu'il prévoyait dans l'avenir; que les demandeurs ont, ainsi qu'il a été dit plus haut, intérêt à dénoncer cette fraude; qu'ils ont qualité pour en demander le redressement, sans qu'ils aient besoin de justifier d'une créance actuelle et certaine, comme ils seraient tenus de le faire si, au lieu d'exercer l'action en déclaration de simulation contre des actes fictifs, au moins dans une de leurs énonciations essentielles, ils attaquaient par l'action paulienne des actes de donation sérieux et sincères.

« Qu'il appartient, en conséquence, au Tribunal, sans qu'il soit besoin d'annuler les actes d'acquisition dans celles de leurs dispositions qui sont conformes à la réalité des faits, d'en faire disparaître celles qui sont prouvées et reconnues mensongères, et de faire rentrer les immeubles acquis dans le patrimoine du véritable acquéreur;

« Qu'il n'y a pas lieu, d'ailleurs, de s'arrêter aux droits

que la dame Cornélius Herz prétend être résultés de ces actes à son profit; que des actes fictifs et simulés ne peuvent engendrer que des droits apparents, que la preuve du déguisement suffit à faire tomber;

« Attendu que la transcription du présent jugement est nécessaire pour renseigner les tiers sur le véritable propriétaire des immeubles; qu'il y a lieu de l'ordonner;

« Attendu, quant à la demande en restitution des fruits, que les demandeurs ne justifiant pas d'une créance liquide et exigible sont, quant à présent, sans qualité pour la former, sauf à eux à prendre telles mesures conservatoires qu'ils aviseront;

« Attendu, d'autre part, que la mesure du séquestre demandée à titre subsidiaire devient sans intérêt, par suite de l'admission des conclusions principales;

« Attendu, en ce qui concerne les dommages-intérêts, que le préjudice causé aux demandeurs consistant uniquement, en l'état, dans les frais de l'instance qu'ils ont dû introduire, la condamnation aux dépens, dans lesquels entreront tous droits d'enregistrement, constituera une réparation suffisante.

« PAR CES MOTIFS :

« Sans s'arrêter, ni avoir égard aux diverses fins de non-recevoir invoquées par les défendeurs, non plus qu'à l'exception de sursis par eux proposée;

« Donne acte tant à Monchicourt et Gautron qu'à Lemarquis et aux héritiers de Reinach, en les qualités qu'ils agissent, de leurs interventions;

« Déclare lesdites interventions recevables;

« Donne acte à Gautron, ès qualité, de sa reprise d'instance;

« Dit que les immeubles, situés avenue Henri-Martin, n° 78, boulevard Flandrin, n° 4, et rue de la Faisanderie, n° 80, 82, 84, 90 et 94, appartiennent et ont toujours appartenu à Cornélius Herz, et que la dame Cornélius Herz n'en a jamais été que la propriétaire apparente comme personne interposée ;

« Ordonne la transcription du présent jugement aux bureaux des hypothèques de la Seine ; à faire laquelle transcription seront les conservateurs desdits bureaux contraints, quoi faisant quittes et déchargés ;

« Dit n'y avoir lieu de statuer sur la demande en nullité des actes d'acquisition, non plus que sur celle à fin de séquestre ;

« Déclare le demandeur originaire et les intervenants quant à présent non recevables en leur demande en restitution des fruits, les en déboute ;

« Condamne solidairement pour tous dommages-intérêts les époux Herz aux dépens, dans lesquels entreront, au même titre de dommages-intérêts, tous droits et doubles droits d'enregistrement qui seraient perçus sur le présent jugement ou à son occasion. »

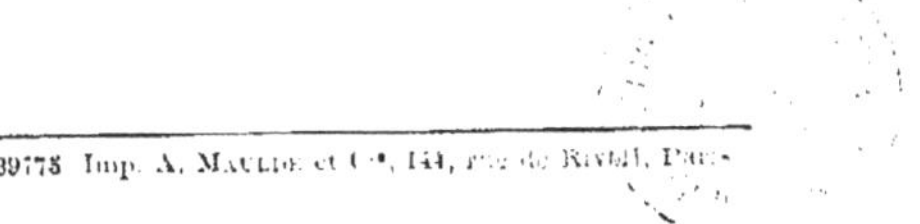

39773 Imp. A. Maulde et C°, 144, rue de Rivoli, Paris